# Inhalt

# 100% übersichtlich

Entdecken Sie 100% Venedig auf sechs Spaziergängen. Jedes Kapitel im 100% Cityguide ist einem Spaziergang gewidmet. Am Kapitelende finden Sie eine Karte mit der Kurzbeschreibung des Spaziergangs. Auf der Karte in der vorderen Umschlagklappe sehen Sie die sechs Kartenausschnitte im Überblick. Dort finden Sie anhand der Buchstaben (A) bis (Z) alle Hotels sowie die Sehenswürdigkeiten und Ausgehtipps, die nicht auf einem der Spaziergänge liegen.

In den sechs Kapiteln beschreiben wir ausführlich, welche Sehenswürdigkeiten Sie auf den Spaziergängen entdecken können und wo man gut essen, trinken, shoppen, feiern und relaxen kann. Alle Adressen sind mit einer Nummer (1) gekennzeichnet, die Sie im Stadtteilplan am Ende des Kapitels wiederfinden. An der Farbgebung der Nummer können Sie erkennen, zu welcher Kategorie die jeweilige Adresse gehört:

| | |
|---|---|
| Sehenswürdigkeiten | Shoppen |
| Essen & Trinken | 100% there |

## SECHS SPAZIERGÄNGE

Zu jedem Kapitel gehört ein Spaziergang, der – ohne Besuch der genannten Adressen – ungefähr drei Stunden dauert. Die Länge der Strecke (in km) finden Sie über der Wegbeschreibung und auf den einzelnen Stadtteilplänen sehen Sie den genauen Verlauf der Route. Die Beschreibung neben dem Stadtplan führt Sie entlang der Sehenswürdigkeiten zu den schönsten Adressen. So entdecken Sie fast nebenbei die besten Shopping-Gelegenheiten, die nettesten Restaurants und die angesagtesten Cafés und Bars. Wer irgendwann keine Lust mehr hat, der Route zu folgen, kann aufgrund der ausführlichen Tipps und Pläne auch wunderbar auf eigene Faust Entdeckungen machen.

## PREISANGABEN BEI HOTELS UND RESTAURANTS

Um Ihnen eine Vorstellung von den Preisen in den Hotels und Restaurants zu geben, finden Sie bei den Anschriften stets auch die Preise. Die Angaben für

Hotels beziehen sich auf ein Doppelzimmer mit Frühstück pro Nacht. Die Angaben für die Restaurants nennen – wenn nicht anders angegeben – den Durchschnittspreis eines Drei-Gänge-Menüs. Dazu kommen in Venedig aber meistens noch coperto (zwei bis drei Euro pro Person) und Servicegeld (15 % des Gesamtbetrags) hinzu.

## MUSEEN UND KIRCHEN

Wenn Sie viele Museen und Kirchen besuchen, lohnt sich eine Ermäßigungskarte. Die Karten sind an den Kassen der verschiedenen Museen erhältlich. Die MUVE Friend Card gilt für elf bedeutende Museen und kostet 45 Euro (*www.visitmuve.it*). Der Chorus Pass erlaubt den Eintritt in sechzehn Kirchen und kostet 10 Euro (*www.chorusvenezia.org*). Kirchen darf man übrigens nicht mit unbedeckten Schultern und Knien betreten.

## VENEZIANISCHE (ESS-) GEWOHNHEITEN

Der Tag beginnt in Venedig sehr früh. In vielen Bars herrscht um sechs Uhr schon ein reges Treiben, wenn die Italiener auf die Schnelle einen Kaffee mit Brioche bestellen. Essen ist ein wichtiger Teil des venezianischen Lebens. Mittags isst man ausgiebig und warm, in vielen Osterien gibt es auch *panini* (kleine belegte Brote) oder *cicchetti* (Tapas). Die meisten Bars bieten auch Brote und *tramezzini* (Sandwiches) an.

## ITALIENISCHE UND VENEZIANISCHE BEGRIFFE

| | |
|---|---|
| **bacaro** | Traditionelle Weinbar oder Restaurant mit Wein und Prosecco. Häufig gibt es *cicchetti* und eine kleine Karte. |
| **cicchetti** | Typisch venezianische Häppchen aus Fisch, Gemüse und Fleisch (eine Art Tapas). |
| **enoteca** | Weinladen mit Ess- und Trinkgelegenheit. |
| **ombra de vin** | Wein, wird in Kneipen und Bacari an der Bar bestellt. |
| **prosecco** | Moussierender Weißwein aus dem Veneto. |
| **spritz** | Beliebter Aperitif mit Campari oder Aperol. |
| **tramezzini** | Dreieckige Sandwiches ohne Kruste und mit viel Füllung. |
| **trattoria/osteria** | Einfaches Restaurant mit traditionellen Gerichten. |

## GUT ZU WISSEN

Besonders in den Wintermonaten muss man mit *acqua alta*, Hochwasser, in der Stadt rechnen. Der Markusplatz und Teile der Stadt stehen dann bei Flut unter Wasser. Über Laufstege gelangt man aber meistens trockenen Fußes von A nach B. Hochwasser wird mit heulenden Sirenen angekündigt.

## NATIONALFEIERTAGE

Neben Neujahr, Ostern, Pfingsten, Himmelfahrt und Weihnachten hat Venedig folgende Feiertage:

| | |
|---|---|
| 6. Januar | La Befana: Eine Hexe bringt den Kindern eine Socke mit Süßigkeiten |
| Februar/März | Karneval |
| 25. April | Festa di San Marco, Fest des heiligen Stadtpatrons. Männer schenken ihrer Frau oder Freundin eine rote Rose. |
| 1. Mai | Tag der Arbeit |
| Sonntag nach Himmelfahrt | Festa della Sensa, eine Prozession aus Booten und Gondeln |
| 2. Juni | Festa della Repubblica |
| 15. August | Mariä Himmelfahrt |
| 1. November | Allerheiligen |
| 21. November | Festa della Madonna della Salute |
| 8. Dezember | Unbefleckte Empfängnis |

## FESTIVALS UND VERANSTALTUNGEN

**Vogalonga**: Eine 32 Kilometer lange Regatta am Pfingstsonntag, entstanden aus Protest gegen die vielen Motorboote. Start ist am Markusplatz, das Rennen endet an der Punta della Dogana. *www.vogalonga.it*

**Biennale**: Internationale Ausstellung für moderne Kunst, in jedem ungeraden Jahr von Juni bis Oktober. In den geraden Jahren findet eine internationale Architekturausstellung statt. Die Biennale zeigt inzwischen auch andere Kunstformen wie Tanz, Theater und Musik. *www.labiennale.org*

**Festa del Redentore**: Schon seit 1576 wird am dritten Juliwochenende das Ende der Pest gefeiert. Redentore bedeutet Erlöser. Das Fest ist besonders beliebt. Hunderte geschmückte, mit bunten Lampions beleuchtete Boote versammeln sich am Samstagabend an der Insel Giudecca und bei San Marco. Der Abend endet mit einem großen Feuerwerk.

**Filmfestival von Venedig**: Jährlich findet Ende August bis Anfang September auf dem Lido das älteste Filmfestival der Welt statt. *www.labiennale.org/en/cinema*

**Regata Storica**: Eine Bootsparade mit historischen Schiffen und einem Ruderwettkampf auf dem Canal Grande am ersten Sonntag im September. Das ganze Jahr über finden in Venedig Ruderbootregatten statt, diese ist aber eine der wichtigsten. Rechnen Sie damit, dass die Vaporetti (Busboote) an diesem Tag kaum fahren! *www.regatastoricavenezia.it*

**Marathon von Venedig**: Findet jedes Jahr im Oktober statt. Die Strecke beginnt bei Villa Pisani in Stra, das Ziel ist am Riva Sette Martiri in Venedig. Ein origineller Ort für eine Sportveranstaltung. *www.venicemarathon.it*

**Silvester**: Der Jahreswechsel steht ganz unter dem Motto LOVE (die letzten beiden Buchstaben sind auch die Abkürzung für Venedig). Die Botschaft ist "Liebe, Frieden und Brüderlichkeit". Natürlich prostet man sich nicht mit Sekt, sondern mit einem Bellini-Cocktail zu.

## HABEN SIE NOCH TIPPS?

Wir haben diesen Reiseführer mit großer Sorgfalt zusammengestellt. Da das Angebot an Geschäften und Restaurants in Venedig jedoch regelmäßig wechselt, kann es sein, dass eine Empfehlung nicht mehr existiert. Besuchen Sie in diesem Fall oder wenn Sie andere Anmerkungen oder Fragen zu diesem 100% Cityguide haben, unsere Webseite *www.100travel.de/venedig* oder schreiben Sie uns an *info@momedia.com*. Wir freuen uns über Ihre Hinweise, neue Tipps und natürlich auch Fotos. Posten Sie diese gerne auf unserer facebook fanpage: *facebook.com/100travel*.

Last but not least möchten wir noch bemerken, dass keine der vorgestellten Adressen für ihre Erwähnung bezahlt hat, weder für den Text noch für die Fotos. Alle Texte wurden von einer unabhängigen Redaktion geschrieben.

# Hotels

Das Hotelangebot in Venedig ist zwar groß, dennoch sind Übernachtungen im Allgemeinen nicht günstig. Ausweichen auf das Festland ist eine Option – vielleicht sogar die bessere, wenn Sie mit dem Auto auf der Durchreise sind. Hauptreisezeiten in Venedig sind: Weihnachten, Neujahr, Karneval, Ostern und die Sommersaison von Mai bis Oktober.

Im Folgenden haben wir unsere Lieblings-Übernachtungsadressen für Sie zusammengestellt. Die Buchstabenkennzeichnung finden Sie auch auf der Übersichtskarte vorne im Buch. Venedig ist eine kleine Stadt, der berühmte Markusplatz ist also immer in der Nähe. Die genannten Preise gelten in der Regel für ein Doppelzimmer pro Nacht mit Frühstück.

Wer länger bleiben will, kann auch ein Apartment mieten. Weitere Infos unter: *www.hotelinvenice.com*, *www.housesinvenice.com*, *www.magicavenezia.com* und *www.turismovenezia.it/venezia/eng* ("accommodation").

## GÜNSTIGE PREISKLASSE

Ⓐ Das gemütliche und im Grünen gelegene **B&B Il Tulipano** befindet sich mit dem Zug eine halbe Stunde von Venedig entfernt und wird von einer niederländisch-italienischen Familie geführt. Nach einem Tag in der Stadt kann man hier im Garten bei einem Glas Prosecco herrlich entspannen. Es gibt dort kostenlose Parkplätze. Das B&B ist auch sehr gut auf der Durchreise geeignet.
*via don bosco 12, 30010 camponogara (provinz venedig), www.bedandbreakfastvenetie.nl, telefon: 041 5150083, preis: 70 €, zug: camponogara - campagna lupia*

Ⓑ Das geschmackvoll eingerichtete **Ostello Venezia** auf der Insel Giudecca bietet schlichte Zimmer und Schlafsäle an und ist für alle, die eine ungezwungene Atmosphäre schätzen, eine gute Adresse. Hier treffen sich Reisende aus der ganzen Welt. Besonders schön: Von Giudecca hat man eine wunderbare Sicht zum Markusplatz.
*giudecca, fondamenta zitelle 86, www.hostelvenice.org, telefon: 041 8778288, preis: 70-120 €, boot: zitelle*

OSTELLO VENEZIA (B)

(C) In einer ruhigen Gasse liegt das **Hotel Casa Boccassini**, ein günstiges und charmantes Hotel. Der begrünte Innenhof ist zwar irgendwie kitschig, dennoch typisch italienisch. Bei den Zimmern muss man Glück haben: Manche sind gemütlich, andere weniger attraktiv.
*cannaregio 5295, calle del volto (seitenstraße der calle del fumo), www.hotelboccassini.com, telefon: 041 5229892, preis: 61-142 €, boot: fondamenta nuove*

(D) Sandra führt das kleine **B&B Sandra** mit zwei Zimmern in der oberen Etage eines alten Hauses. Auf der eigenen Dachterrasse frühstückt man herrlich mit spektakulärem Blick über Venedig.
*cannaregio 2452, corte trapolin, www.bbalessandra.com, telefon: 041 720957, preis: 85-120 €, boot: san marcuola, ca' d'oro*

## MITTLERE PREISKLASSE

(E) Das **Hotel Al Ponte Mocenigo** liegt in einer ruhigen Ecke der Stadt. Man betritt dieses nette Hotel über eine kleine Privatbrücke und den charakteristischen Innenhof. Im Sommer kann man draußen frühstücken oder am Abend einen Prosecco zwischen Säulen und Skulpturen trinken.
*santa croce 2063, calle dei preti, www.alpontemocenigo.com, telefon: 041 5244797, preis: 98-158 €, boot: san stae*

(F) In einem Palazzo aus dem 17. Jahrhundert nahe dem Canal Grande liegt das **B&B Campiello Zen**. Die drei Zimmer sind großzügig und stilvoll mit antiken Familienstücken, kostbaren Teppichen und schönen Gemälden eingerichtet. Die gastfreundlichen Inhaber Susanna und Andrea geben gerne Auskunft darüber, was in ihrer Stadt gerade los ist.
*santa croce 1285, rio terà, www.campiellozen.com, telefon: 041 710365, preis: 90-210 €, boot: riva di biasio*

(G) **Ca' San Giorgio** ist ein wunderbar renoviertes, mittelalterliches Haus mit einem echten Highlight: Das schönste Zimmer hat eine eigene Dachterrasse. Dieses kleine Hotel liegt neben der Anlegestelle San Marcuola; mit der Gondel ist man schnell auf der anderen Seite des Canal Grande.
*santa croce 1725, salizada del fontego dei turchi, www.casangiorgio.com, telefon: 041 2759177, preis: 104-231 €, boot: riva di biasio, san stae*

(H) Die **Pensione La Calcina** liegt direkt am Zattere und bietet viel Komfort zu einem fairen Preis. Genießen Sie in den großzügigen Zimmern zum Kai die spektakuläre Aussicht auf die Insel Giudecca.
*dorsoduro 780, zattere ai gesuiti, www.lacalcina.com, telefon: 041 5206466, preis: 80-269 €, boot: zattere*

Ⓘ **Locanda La Corte** befindet sich in der Nähe der Kirche Santi Giovanni e Paolo. Man schläft in einem großen Zimmer mit dunklen Deckenbalken und prächtigen Marmorböden. Die Zimmer sind traditionell venezianisch eingerichtet, die schönsten liegen am Kanal. Frühstück gibt es im Hofgarten.
*castello 6317, calle bressana, www.locandalacorte.it, telefon: 041 2411300, preis: 66-291 €, boot: fondamenta nuove*

## GEHOBENE PREISKLASSE

Ⓙ Mit der Lage am Canal Grande, dem großen Garten und dem gemütlichen Frühstückssaal ist die **Pensione Accademia Villa Maravege** ein wirklich empfehlenswertes Hotel. Zudem befindet es sich in einem der schönsten Viertel Venedigs.
*dorsoduro 1058, fondamenta bollani, www.pensioneaccademia.it, telefon: 041 5210188, preis: 150-300 €, boot: accademia*

Ⓚ Das erste Designhotel Venedigs ist das **Ca' Pisani Hotel**, untergebracht in einem Palast aus dem 16. Jahrhundert. In den stilvollen Zimmern stehen Möbel aus den Dreißiger- und Vierzigerjahren, in der Lobby und auf den Fluren hängt Kunst der futuristischen Künstlergruppe Fortunato Depero.
*dorsoduro 979a, rio terà antonio foscarini, www.capisanihotel.it, telefon: 041 2401411, preis: 119-356 €, boot: salute*

Ⓛ Das Haus des Hotels **Oltre il Giardino** gehörte einst Alma Mahler, der Frau des Komponisten Gustav Mahler. Die stilvolle Unterkunft besteht aus sechs sehr geschmackvoll eingerichteten Zimmern und einem bezaubernden Garten, in dem man an schönen Tagen frühstücken kann. Eine grüne Oase in der Lagunenstadt.
*san polo 2542, fondamenta contarini, www.oltreilgiardino-venezia.com, telefon: 041 2750015, preis: 180-250 €, boot: san tomà*

Ⓜ **DD724** ist ein Design- und Boutiquehotel im Viertel Dorsoduro, gelegen neben dem Peggy-Guggenheim-Museum. Das Hotel ist eine tolle Mischung aus italienischem Luxusdesign und traditioneller Gemütlichkeit. Es gibt wunderschöne Zimmer mit spektakulärer Aussicht.
*dorsoduro 724, ramo della mula, www.thecharminghouse.com, telefon: 041 2770262, preis: 155-400, boot: accademia*

LOCANDA LA CORTE (I)

# Unterwegs

In der Nähe von Venedig liegt der **Flughafen** Marco Polo. Ins Zentrum gelangt man am günstigsten mit dem Bus, mit dem **Schnellbus** sind Sie für 6 Euro in etwa 20 Minuten auf der Piazzale Roma. Von dort geht es mit dem *vaporetto* (Boot) weiter. Spektakulärer ist es jedoch, die ganze Strecke mit dem Boot zurückzulegen. Vom Flughafen aus fahren **Busboote** der Alilaguna (*www.alilaguna.it*). Mehrere Linien dieser Gesellschaft bringen Sie für etwa 15 Euro in die Stadt. Am schnellsten ist ein **Privatwassertaxi** (*www.veneziataxi.it*), das nur 20 Minuten bis Venedig braucht. Kostenpunkt: stolze 95 bis 120 Euro.

Vom Flughafen Treviso aus, wo Airlines wie Ryanair landen, fährt ein **Shuttlebus**. Eine Hin- und Rückfahrkarte kostet 13 Euro und ist eine Woche gültig. Für eine Einzelfahrt zahlt man 7 Euro. Treviso liegt 40 Kilometer von Venedig entfernt, die Fahrt dauert etwa 50 Minuten.

Venedig ist autofrei, es fahren also auch keine Busse. Das wichtigste Verkehrsmittel ist das **Vaporetto**, ein "**Busboot**" mit vielen Haltestellen in der Stadt. Die wichtigste und damit vollste Linie ist die Nummer 1 von der Piazzale Roma zum Lido. Sie fährt fast alle Haltestellen am Canal Grande an, darunter Rialto und San Marco. Eine Übersicht über alle Linien finden Sie hinten in diesem Guide. Das Vaporetto ist für Touristen nicht gerade billig. Eine einfache Fahrkarte kostet 7 Euro und gilt für 60 Minuten. Haben Sie mehr als ein Gepäckstück? Dann müssen Sie den gleichen Preis noch einmal extra zahlen. Preiswerter ist meist eine 12-Stunden-Karte für 18 Euro, eine 24-Stunden-Karte für 20 Euro, eine 36-Stunden-Karte für 25 Euro oder eine 72-Stunden-Karte für 35 Euro. Wenn Sie eine ganze Woche bleiben, ist eine 7-Tage-Karte für 50 Euro am günstigsten. Auch die Busdienste von ATCV in Mestre und auf der Insel Lido werden damit abgedeckt. Mehr Informationen, Fahrpläne und Routen erhalten Sie auf *www.actv.it/en*. Praktisch: Online gibt es auch günstige Tickets zu kaufen, *www.veniceconnected.com*.

Da insgesamt nur vier Brücken die beiden Seiten des Canal Grande miteinander verbinden, gibt es an mehreren Stellen **traghetti**. Diese schmalen Gondeln bringen Sie für 2 Euro auf die andere Seite. Auf den meisten Stadtplänen sind die Fähranlegestellen eingezeichnet. Die Venezianer fahren viel Traghetto und bleiben während der Fahrt meistens stehen.

Und natürlich gibt es auch noch die **Gondeln**. Früher waren sie die Hauptverkehrsmittel, jetzt befördern sie nur noch Touristen. Venedig gehört zu den romantischsten Orten der Welt und eine echte Gondelfahrt muss einfach drin sein. Eine Fahrt von 35 Minuten kostet 90 Euro, am Abend muss man noch einmal 20 Euro zusätzlich drauflegen. Auf *www.veneziagondola.com* kann eine Gondelfahrt online gebucht werden. Seit 2010 gibt es auch endlich eine weibliche Gondoliera: Giorgia Boscolo, die die Gondel-Leidenschaft von ihrem Vater geerbt hat, der ebenfalls ein Gondoliere war. Sie trägt das traditionelle blau-weiß gestreifte Hemd und die schwarze Hose, dazu einen blonden Zopf und Nagellack. Ein Lichtblick in der Männerdomäne!

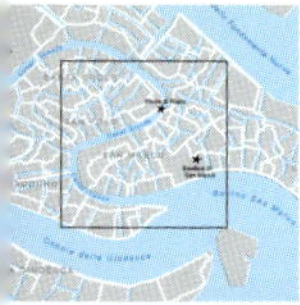

# San Marco

**Das Herz Venedigs**

Im lebhaften Sestiere (Stadtviertel) San Marco schlägt das Herz Venedigs. Kein Wunder, ist der Markusplatz doch für viele der schönste Treffpunkt der Welt. Der herrliche, weitläufige Platz ist weltberühmt – auch für die Preise, die man hier für eine Tasse Kaffee in den noblen Kaffeehäusern verlangt. In der Hochsaison besucht man den Markusplatz am besten am frühen Morgen, noch bevor die Touristenströme anrollen. Dann hat man die ganze Pracht (fast) für sich alleine: den majestätischen Dom, den Dogenpalast und den märchenhaft schönen Platz.

Im Karneval ist der Markusplatz Dreh- und Angelpunkt der Festlichkeiten. Zwei Wochen lang ist die Stadt im Ausnahmezustand. Zum Beispiel, wenn beim traditionellen Volo dell' Angelo (Flug des Engels) ein Prominenter vom Turm "fliegt" oder die großen Karnevalsparaden stattfinden. Möchten Sie mehr wissen? Auf der Website *www.carnivalofvenice.com* steht das ganze bunte Karnevals-Programm.

# 1

Zum Glück gibt es zwischen all dem Trubel auch ein paar Stellen, die vom Tourismus weitgehend verschont geblieben sind: Dazu gehört die besinnliche Kirche Santo Stefano mit ihren wunderbaren Gemälden von Tintoretto. Oder der Palazzo Grassi mit der modernen Kunstsammlung und dem bezaubernden Café, in dem man mit Blick über den Canal Grande zu Mittag essen kann. Schließen Sie sich einer Führung im Teatro La Fenice an oder streifen Sie durch die dunklen Gassen rund um die Rialtobrücke und gönnen Sie sich ein Glas Wein und ein *panino* an der Bar. Und wer Lust auf Shopping hat, ist in San Marco ebenfalls goldrichtig. Fast alle großen italienischen Designer sind hier mit einer exklusiven Niederlassung vertreten.

Wussten Sie, dass der Ausdruck *ombra de vin* (ein Glas Wein, wörtlich: ein Schatten von Wein) auf dem Markusplatz entstanden ist? Im Sommer kann es in Venedig sehr heiß werden. Um den Wein kühl zu halten, schoben die Marktleute ihre Stände tagsüber in den Schatten der Kirchtürme. Jahrhunderte später bestellen die Venezianer noch immer einen *ombra de vin*.

# 6 Insider-Tipps

**Basilica di San Marco**

Den prächtigen Dom bewundern.

**Giovanna Zanella**

Ein Paar Designerschuhe kaufen.

**Dai do Cancari**

Eine Flasche des einzigartigen Weißweins Orto erstehen.

**Osteria Enoteca San Marco**

Die venezianische Küche und Atmosphäre genießen.

**Teatro La Fenice**

Eine Führung durch den berühmten Opern- und Theaterbau mitmachen.

**Palazzo Ducale**

Den beeindruckenden Ratssaal der Dogen besichtigen.

- **Sehenswürdigkeiten**
- **Shoppen**
- **Essen & Trinken**
- **100% there**

# Sehenswürdigkeiten

⑦ Der Palazzo **Contarini del Bovolo** ist für sein Treppenhaus an der Außenseite des Gebäudes berühmt, das an ein Schneckenhaus erinnert. Bovolo heißt im venezianischen Dialekt unter anderem Schneckenhaus.
*san marco 4299, corte contarini del bovolo, geöffnet: nicht öffentlich zugänglich, boot: rialto, s.angelo*

⑩ Ruhe und Weite finden Sie in der gotischen Kirche **Santo Stefano**. Im angrenzenden Museum hängen vier Werke des berühmten venezianischen Malers Tintoretto, darunter das riesengroße Letzte Abendmahl. Tipp: Nach dem Kirchenbesuch noch einen Espresso auf dem bezaubernden Platz vor der Kirche trinken. Das ist *dolce far niente*!
*san marco, campo santo stefano, geöffnet: mo-sa 10.00-16.45, eintritt: museum 3 €, boot: s.angelo, san samuele*

㉑ Die **Piazza San Marco** (Markusplatz) ist zweifelsohne das Herz Venedigs. Eine Sehenswürdigkeit reiht sich an die andere: Basilica San Marco (Markusdom), Palazzo Ducale (Dogenpalast), Campanile (Turm), Torre dell'Orologio (Uhrenturm) und Museo Correr. Sowohl der Platz als auch der Dom sind nach dem Schutzpatron der Stadt, dem heiligen Markus, benannt. In der Bibel wird er als geflügelter Löwe dargestellt. Der mächtige Markuslöwe wurde später zum Symbol für die Serenissima (Republik Venedig) und ziert heute noch die Stadtflagge.
*san marco, piazza san marco, eintritt: museumskarte für den gesamten platz 16 €, boot: vallaresso, san zaccaria*

㉒ Möchten Sie mehr zur Geschichte Venedigs erfahren? Dann auf ins **Museo Correr**. Das Museum zeigt auch eine beeindruckende und sehr umfangreiche Gemäldesammlung – beginnend bei sehr früher Kunst über das 17. Jahrhundert bis hin zu Ausstellungen moderner Kunst. Echtes Venedig-Feeling erleben? Das Museumscafé lockt mit einer wunderbaren Aussicht über die Piazza San Marco.
*san marco, piazza san marco, www.visitmuve.it, telefon: 041 2405211, geöffnet: täglich apr.-okt. 10.00-19.00, nov.-märz 10.00-17.00, eintritt: mit markusplatz-museumskarte, boot: vallaresso, san zaccaria*

(24) Vom **Campanile** aus haben Sie eine atemberaubende Aussicht über die Lagune und die Dächer Venedigs. Keine Angst: Es gibt einen Lift, niemand muss den 100 Meter hohen Turm zu Fuß bezwingen. Der Campanile ist eine Nachbildung des Vorgängerturms aus dem Jahr 1173. Dieser stürzte sehr zum Leidwesen der Venezianer im Jahr 1902 plötzlich ein.
*san marco, piazza san marco, geöffnet: täglich ostern-okt. 9.00-19.00, nov.-ostern 9.30-15.45, eintritt: 8 €, boot: san zaccaria, vallaresso*

(25) Obwohl der **Palazzo Ducale** (Dogenpalast) schon seit dem 9. Jahrhundert das Bild Venedigs prägt, stammt seine heutige Form mit gotischer Fassade aus dem 14. und 15. Jahrhundert. Der Palast war jahrhundertelang das politische Zentrum der Republik. Der Ratssaal ist so riesig, dass über 1500 Ratsherren darin Platz fanden. Über den Dogenpalast gelangen Sie zur Ponte dei Sospiri (Seufzerbrücke) und zu den alten Gefängnissen.
*san marco, piazzetta san marco, www.visitmuve.it, telefon: 041 2719012, geöffnet: täglich apr.-okt. 8.30-19.00, nov.-märz 8.30-17.30, eintritt: mit markusplatz-museumskarte, boot: san zaccaria, vallaresso*

(26) Man muss sie einfach gesehen haben, die **Basilica di San Marco** (Markusdom) mit ihren extravaganten Mosaiken, den prächtigen Marmorböden und den seltenen Kunstschätzen. 1063 erbaut, war sie über Jahrhunderte die Privatkirche der Dogen, der einstigen Herrscher Venedigs. Erst 1807 wurde der Prachtbau zum Dom geweiht. Eines der Glanzstücke ist die Pala d'Oro, ein mit 1927 Edelsteinen besetztes Altarstück aus dem 10. bis 14. Jahrhundert. Im Tesoro (Schatzkammer) liegen zahlreiche Beutestücke: die von den Venezianern während der Plünderungen Istanbuls im Jahr 1204 geraubten Kostbarkeiten. Über eine lange Treppe erreicht man das Kirchenmuseum, in dem man unter anderem die Quadriga, die vier berühmten Pferde, aus der Nähe betrachten kann. Im Freien steht heute – aufgrund der zunehmenden Luftverschmutzung – nur noch eine Nachbildung des Vierergespanns.
*san marco, piazza san marco, www.basilicasanmarco.it, telefon: 041 5225697, geöffnet: basilica mo-sa 9.45-17.00, so 14.00-17.00 (nov.-ostern, so bis 16.00), eintritt: basilica frei, pala d'oro 2 €, tesoro 3 €, museum 5 €, boot: san zaccaria, vallaresso*

PIAZZA SAN MARCO (21)

# Essen & Trinken

③ Wie könnte man den Tag besser beginnen als mit einem leckeren Cappuccino oder Espresso im **Caffè al Ponte del Lovo**? Diese Bar hat sogar ihre eigene Kaffeemarke: Caffè del Doge. Auf den Geschmack gekommen? Nach dem Urlaub können Sie diesen Kaffee auch online bestellen und sich nach Hause liefern lassen.
*san marco 4819, ponte del lovo, www.caffedeldoge.com, telefon: 041 5208439, geöffnet: täglich 8.00-21.30, preis: espresso ab 1,00 € , boot: rialto*

⑥ Die Bar-Pasticceria **Marchini Time** gehört zum Schokoladengeschäft Marchini. Hier trinkt man an der Theke einen Kaffee, aber noch verführerischer sind natürlich die vielen Süßigkeiten: Die süßen Gebäckstücke und Torten sind einfach unwiderstehlich.
*san marco 4589, campo san luca, telefon: 041 2413087, geöffnet: täglich 7.30-20.30, preis: kaffee ab 1 €, boot: rialto*

⑫ **Bacaro da Fiore** hat die leckersten *cicchetti* – und zwar in Hülle und Fülle. Im März, April, Oktober und November wird hier auch die venezianische Spezialität *moeche* angeboten: frittierte Krabben, die mit Schale und allem gegessen werden. Diese sollte man unbedingt probieren. Das Restaurant ist recht groß und bei schönem Wetter sitzt man natürlich im Freien.
*san marco 3461, calle delle botteghe, www.dafiore.it, telefon: 041 5235310, geöffnet: mo & mi-so 9.00-22.30, preis: cicchetti 2 €, boot: s.angelo, san samuele*

⑮ Erwarten Sie in der **Osteria al Bacareto** keine neumodischen Kreationen. Dieses traditionelle Restaurant der Familie De Giulio hat sich auf die guten alten venezianischen Spezialitäten verschrieben. Zum Beispiel *bigoli in salsa* (Pasta mit Anchovissoße) und *baccalà mantecato* (Stockfischmus). Das weiß man zu schätzen: Die Venezianer kommen gerne, daher ist die Osteria auch immer relativ voll.
*san marco 3447, calle crosera, www.bacareto.it, telefon: 041 5289336, geöffnet: mo-sa 8.00-16.30 & 18.30-23.00, preis: 40 €, boot: s.angelo, san samuele*

28

29

23

⑫ BACARO DA FIORE

(20) In der **Osteria Enoteca San Marco** mit ihren hohen Decken und der angenehmen Atmosphäre können Sie nach der Hektik im Touristenviertel endlich entspannt durchatmen. Die Küche ist venezianisch mit innovativer Note. Keinen großen Hunger? Bestellen Sie einfach ein erfrischendes Glas Wein und einen Teller mit Käse oder Wurst.
*san marco 1610, calle frezzeria, www.osteriasanmarco.it, telefon: 041 5285242, geöffnet: mo-sa 12.30-23.00, preis: 40 €, boot: vallaresso*

(23) Das berühmte **Caffè Florian** kann auf eine lange Geschichte zurückblicken: Seit 1720 gehen hier Intellektuelle, Künstler, Dichter, Schriftsteller und Politiker ein und aus. Berühmtheiten wie Goethe, Proust, Byron, Wagner und Casanova zählten zu den illustren Gästen. Ein Besuch im Florian mit den blinden Spiegeln, alten Wandgemälden und Plüschsofas lohnt sich auf jeden Fall. Auf der Terrasse wird live klassische Musik gespielt. Jetzt verstehen Sie vielleicht auch, warum man hier für einen Kaffee so einen astronomischen Preis zahlt.
*san marco 56/59, piazza san marco, www.caffeflorian.com, telefon: 041 5205641, geöffnet: täglich 10.00-23.00, preis: espresso 6,50 € (plus 6 € für livemusik), boot: vallaresso, san zaccaria*

(28) Göttlich, hausgemacht, günstig und schnell fertig sind die Nudeln von **Alfredo's Fresh Pasta To Go**. Alles wird frisch an Ort und Stelle zubreitet. Es gibt ein reichhaltiges Angebot an herrlichen Saucen, darunter die Klassiker Carbonara, Amatriciana und Pesto, aber auch ausgefallene Curryvarianten.
*san marco 5324, calle de la casseleria, telefon: 335 5487020, geöffnet: di-so 12.00-20.30, preis: pasta 5-10 €, boot: vallaresso, san zaccaria, rialto*

(29) Die **Osteria alle Testiere** hat sich auf Fisch spezialisiert. Weil es hier fast immer voll ist, sollte man vorher reservieren. Hat man einen Platz ergattert, ist man auf Tuchfühlung mit den Italienern: Manchmal erreicht man seinen Tisch nur dann, wenn andere Gäste zur Seite rücken, so klein ist es hier. Die Atmosphäre, die Bedienung und nicht zu vergessen das Essen sind einwandfrei. Hier wird mit viel Liebe gekocht, und das schmeckt man.
*castello 5801, calle del mondo novo, www.osterialletestiere.it, telefon: 041 5227220, geöffnet: di-sa 12.00-15.00 & 19.00-0.00, preis: 50 €, boot: rialto*

23 CAFFÈ FLORIAN

(30) **Al Portego** ist eine jener guten, traditionellen Osterien, wo man auf die Schnelle mal ein Glas Wein oder einen Prosecco trinkt und dazu ein paar Cicchetti isst. Egal, zu welcher Tages- oder Jahreszeit: Hier ist fast immer viel Betrieb. Wer mehr Zeit mitbringt, kann im kleinen Restaurantbereich auch etwas ausgiebiger speisen.
*castello 6014, calle malvasia, telefon: 041 5229038, geöffnet: täglich 10.30-15.00 & 17.30-22.00, preis: cicchetti 2 €, boot: rialto*

(32) Man braucht etwas Spürsinn, um sie zu finden, aber ein Besuch der **Osteria I Rusteghi** lohnt sich: Sie verbindet Tradition, Faszination und Innovation auf einmalige Weise. Hier werden *panini* (belegte Brötchen) serviert, und die Weinauswahl ist enorm. Auf der gemütlichen Terrasse sitzen Sie entspannt, während über Ihrem Kopf die Wäsche trocknet. Ein idealer Ort für einen kleinen Mittagsimbiss, einen Aperitif oder einen Drink am Abend.
*san marco 5513, corte del tentor, www.osteriairusteghi.com, telefon: 041 5232205, geöffnet: mo-sa 10.30-15.00 & 18.30-23.30, preis: panini 2,00 €, boot: rialto*

# Shoppen

① Die **Bottega della Solidarietà** unterstützt Fair-Trade- und Umweltorganisationen und solche, die sich um schwer erziehbare Jugendliche kümmern. Ein netter Laden mit schönen Ledersachen, die von den Jugendlichen gefertigt werden. Hier gibt es ausgefallene Taschen, wunderschöne Gürtel, Kalender mit Ledereinband und viele Accessoires.
*san marco 5164, salizada pio x, www.coopfilo.it, telefon: 041 5227545, geöffnet: täglich 10.00-19.30, boot: rialto*

② In dem fröhlichen Laden **Pylones** würde man am liebsten gleich alles kaufen! Hier gibt es allerlei farbenfrohe und originelle Accessoires für drinnen und draußen, Schmuck von verschiedenen Designern und Kindersachen in bunten Regenbogenfarben.
*san marco 5039, merceria 2 aprile, www.pylones.com, telefon: 041 2412478, geöffnet: mo-sa 9.30-19.30, so 10.00-19.00, boot: rialto*

④ Der kleine Brillen-, Mode- und Taschenladen **Ottico Fabbricatore** wird von einem Ehepaar geführt. Die Aufgaben sind verteilt: Francesco Lincetto entwirft die Brillen aus amerikanischem Büffelhorn und Titan, seine Frau Marianna die Ledertaschen und eleganten Kleidungsstücke aus Seide und Kaschmir.
*san marco 4773, calle del lovo, telefon: 393 3359709, geöffnet: mo-sa 9.30-12.30 & 15.30-19.30, so 11.00-15.00, boot: rialto*

⑤ Die bunten Kleidungsstücke von **Malìparmi** sind sowohl feminin als auch cool, mit vielen originellen Details. Sie kombinieren gekonnt italienischen Stil mit Farben und Richtungen vieler Kontinente, von Afrika bis zum Fernen Osten. Im hinteren Ladenbereich gibt es eine große Taschen- und Schuhabteilung.
*san marco 4600a, calle del teatro, www.maliparmi.it, telefon: 041 5285608, geöffnet: mo-sa 10.00-19.00, so 11.00-18.30, boot: rialto*

⑨ Alberto Valese stellt marmoriertes Papier her – mit einer einzigartigen Technik, die ursprünglich aus Japan stammt. Diese Technik verwendet er auch für Seide und Holz. All seine Kunstwerke, darunter sogar Krawatten mit Marmordekor, können Sie in seinem Laden **Alberto Valese-Ebrû** kaufen.
*san marco 3471, campo santo stefano, www.albertovalese-ebru.it, telefon: 041 5238830, geöffnet: mo-sa 10.00-19.00, so 10.00-17.00, boot: s.angelo*

RIO TERÀ DEI PENSIERI ⑪

⑪ **Rio Terà dei Pensieri** ist ein Laden, der originelle Artikel aus Gefängniswerkstätten verkauft. Dahinter verbirgt sich die Idee, Gefangenen eine Berufsausbildung zu ermöglichen und ihnen eine Beschäftigung zu bieten. So lernen sie T-Shirts zu bedrucken, Lederartikel, Taschen und Kosmetikprodukte herzustellen und Accessoires aus reyceltem PVC zu entwerfen.
*san marco, campo santo stefano, www.rioteradeipensieri.org, geöffnet: mo-sa 10.00-20.00, boot: san samuele*

⑬ Lust auf Wein? Machen Sie einen Abstecher zur **Vineria Dai do Cancari**. Spezialitäten sind Prosecco und Orto, der einzigartige Weißwein der venezianischen Insel Sant'Erasmo.
*san marco 3455, calle delle botteghe, www.daidocancari.it, telefon: 041 2410634, geöffnet: sommer täglich 10.30-23.00, winter 10.30-20.30, boot: s.angelo, san samuele*

⑭ Der kleine Secondhandladen von **Laura Crovato** hängt voll mit Cocktail- und Abendkleidern, die von der venezianischen High Society stammen. Wer kurz entschlossen ins La Fenice will und ein passendes Kleid für den Opernabend sucht, kann sich hier standesgemäß einkleiden.
*san marco 2995, calle delle botteghe, telefon: 041 5204170, geöffnet: mo 16.00-19.30, di-sa 11.00-13.00 & 16.00-19.30, boot: s.angelo, san samuele*

⑯ In seiner gleichnamigen Galerie verkauft der venezianische Künstler **Livio De Marchi** allerlei Gebrauchsgegenstände wie Taschen und Hüte – verblüffend echt aus Holz nachgebildet. Eine Verkaufsgalerie, in die man unbedingt mal hineingehen muss.
*san marco 3157a, salizada san samuele, www.liviodemarchi.com, telefon: 041 5285694, geöffnet: mo-fr 9.00-12.30 & 13.30-17.00, boot: s.samuele, s.angelo*

⑱ Die bunten Ledertaschen von **Raggio Veneziano** sind originell, von guter Qualität und glücklicherweise erschwinglich. Sie werden aus pflanzlich gegerbtem Leder im eigenen Atelier (hinten im Laden) hergestellt, einige von ihnen sind sogar mit Muranoglas verziert. Auch schön: die Portemonnaies, in Leder gebundenen Hefte und ledernen Ohrringe.
*san marco 2953, campo santo stefano, www.raggioveneziano.com, telefon: 041 2412712, geöffnet: täglich 10.00-18.30, boot: san samuele, accademia*

⑲ In den Straßen **Calle Larga XXII Marzo**, **Campo di San Moisè** und **Salizada San Moisè** liegen die Läden italienischer Spitzendesigner wie Versace, Gucci, Prada, Valentino, Fendi, Bulgari und Salvatore Ferragamo. Ebenfalls exklusives Design: Glas von Carlo Moretti (*www.carlomoretti.com*).
*san marco, boot: vallaresso, santa maria del giglio*

㉛ **Giovanna Zanella** fertigt in ihrem Lädchen, das zugleich ihre Werkstatt ist, die merkwürdigsten, aber auch schönsten Schuhe nach Maß: herrlich bunte Schnürschuhe und Pumps mit Federn. Ein paar Monate Geduld gehören dazu, bis Sie das exklusive Paar Ihr Eigen nennen dürfen, aber dafür haben Sie dann echte Hingucker.
*castello 5641, calle carminati, www.giovannazanella.it, telefon: 041 5235500, geöffnet: mo-sa 9.30-13.00 & 15.00-19.00, boot: rialto*

# 100% there

(8) Das **Teatro La Fenice** gehört zu den berühmtesten Opernhäusern der Welt. Es wurde 1792 erbaut und brannte leider zweimal ab, 1836 und 1996. Inzwischen wurde es nach Originalplänen wiederaufgebaut. Wer keine Lust auf geschmetterte Opernarien hat, kann sich zumindest das Gebäude im Rahmen einer Führung anschauen. Auf der Website können Sie Karten für eine Vorstellung reservieren.
*san marco 1965, campo san fantin, www.teatrolafenice.it, telefon: 041 786511, geöffnet: täglich 10.00-18.00, preis: führung 12 €, boot: santa maria del giglio*

(17) Im minimalistisch eingerichteten **Palazzo Grassi** am Canal Grande finden regelmäßig ambitionierte Ausstellungen mit zeitgenössischer Kunst statt. Im Café-Restaurant im ersten Stock kann man gut essen – ein fantastischer Blick über den Canal Grande inbegriffen.
*san marco 3231, campo san samuele, www.palazzograssi.it, telefon: 041 5231680, geöffnet: mo & mi-so 10.00-19.00, eintritt: 15 €, boot: san samuele, s.angelo*

(27) Der **Torre dell'Orologio** (Uhrturm) wurde zwischen 1496 und 1499 errichtet. Seine Uhr war damals ein Wunderwerk, denn sie arbeitet wie ein Kalender. Außer der Zeit kann man an ihr auch die Mond- und Sonnenphasen sowie die Tierkreiszeichen ablesen. Neben der Uhr wachen die beiden "Mori", zwei Bronzefiguren, die auf einer Glocke die Stunden anschlagen. Der Glockenschläger mit Bart, *il vecchio* (der Alte), schlägt zwei Minuten vor der vollen Stunde und der Glockenschläger ohne Bart, *il giovane* (der Junge), schlägt zwei Minuten nach der vollen Stunde. Der Turm kann mit Begleitung bestiegen werden, zu buchen im Museo Correr.
*san marco, piazza san marco, www.visitmuve.it, telefon: 041 2405211, geöffnet: führung auf englisch mo-mi 10.00 & 11.00, do-so 14.00 & 15.00, eintritt: 12 €*

## TORRE DELL'OROLOGIO 27

# San Marco

**SPAZIERGANG 1** (ca. 4 km)

Startpunkt: Rialtobrücke. Gehen Sie über die Salizada Pio X (1) und Merceria II Aprile (2) zur C. del Lovo und C. del Teatro zu einer Bar (3) und netten Läden (4) (5). Biegen Sie am Ende der C. del Teatro links ab, überqueren Sie den Campo San Luca (6) schräg rechts und gehen Sie zum Campo Manin. Dort in die kleine Gasse links (beim Schild ‚Scala Contarini del Bovolo') abbiegen zum „Schneckenhaus" (7). Dann wieder zurück zum Campo Manin, hier links abbiegen und weiter über die C. Mandola und Rio Verona zum Theater La Fenice (8). Die Calle de la Fenice bis zum Ende laufen, weiter über die Sotoportego S. Cristoforo in die C. Caotorta bis zum Campo Sant'Angelo. Anschließend links in die Calle dei Frati und weiter zum Campo S. Stefano (9) (10) (11). Biegen Sie direkt rechts ab in die C. delle Botteghe (12) (13) (14) (15). Danach links in die S. San Samuele (16) und zum Palazzo Grassi (17). Überqueren Sie den Platz und gehen Sie in die S. Malipiero. Biegen Sie in die erste Gasse rechts ein. Über die C. del Frutario und C. Loredan geht es zurück zum Campo S. Stefano. (18) Biegen Sie in die Gasse C. Spezier ein und folgen Sie den Schildern San Marco. Sie gelangen so zur schicken Einkaufsstraße C. Larga XXII Marzo (19). Gehen Sie in die S. San Moisè, dann links in die C. Frezzeria (20). Biegen Sie rechts in die C. Tron und gleich wieder rechts in die C. Cavaletto Richtung Markusplatz (21) (22) (23) (24) (25) (26) (27). Gehen Sie über die P. dei Leoncini und C. Canonica links in die Ramo va in Canonica und überqueren Sie die Brücke Anzolo. Weiter über die C. al Ponte bis zu Alfredo's (28). Rechts in die C. de la Casseleria, dieser nach links folgen und am Ende nach rechts gehen. Links in die S. San Lio abbiegen und dann rechts in die C. del Mondo Novo (29). Weiter bis zum Campo Santa M. Formosa. Überqueren Sie den Platz schräg links und gehen Sie durch die Ramo de Borgolocco, die C. de Borgolocco und die C. Marcello. Den Platz Santa Marina überqueren und links in die C. del Dose einbiegen. Dann rechts in die C. Forneri (30). Beim Al Portego links abbiegen und in die C. Carminati (31). Gehen Sie auf dem Campo San Lio rechts in die C. Sant' Antonio. Überqueren Sie die Brücke. Sie erreichen die C. de la Bissa und kommen dann zur S. del Scaleter, hier rechts abbiegen. Gehen Sie die Gasse weiter bis zur C. del Tentor (32) und schließen den Spaziergang gemütlich ab.

2

sieht fast so aus, als würden die Venezianer zu jeder Tageszeit Alkohol trinken. Es ist nicht ungewöhnlich, bereits am Vormittag jemanden mit einem Glas Prosecco oder Spritz an der Bar zu sehen.

Die unbestrittene Hauptattraktion dieser Viertel ist die Rialtobrücke. Häufig muss man sich einen Weg durch die Touristenmassen bahnen, die offensichtlich alle dasselbe Foto machen wollen. Sehr früh am Morgen stehen die Chancen dagegen gut, die herrliche Brücke in all ihrem Glanz zu sehen – und auch in aller Ruhe fotografieren zu können. Wer von dem Treiben auf Brücke und Markt genug hat, kann ins Viertel eintauchen, denn dort ist es ruhiger. In manchen Gassen hört man nichts außer den Wellen, die an die Ufermauern schlagen. Weitere Höhepunkte der Gegend sind die Kirche Santa Maria Gloriosa dei Frari und die Scuola Grande di San Rocco, mit über fünfzig Werken des berühmten venezianischen Malers Tintoretto. Absolut lohnenswert sind auch Ca' Pesaro, wo sich unter anderem das Museum für moderne Kunst befindet, und die kleine Kirche San Zan Degolà mit ihren alten Fresken.

# 6 Insider-Tipps

**Pescaria**

Morgens zwischen den Venezianern über den Fischmarkt schlendern.

**Scuola Grande di San Rocco**

Tintorettos Meisterwerke bewundern.

**Osteria Bancogiro**

Von der Terrasse die Aussicht genießen.

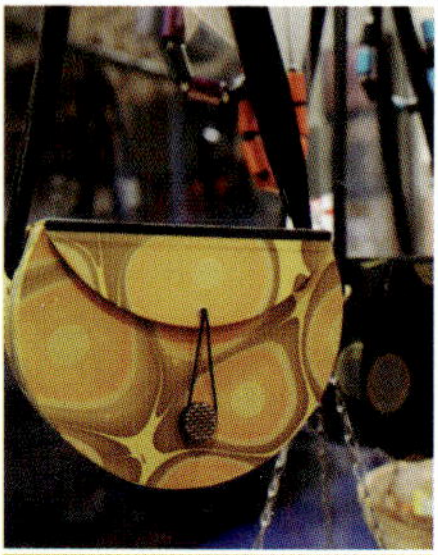

**Cárte**

Originelle Ohrringe oder Taschen aus Karton kaufen.

**VizioVirtù**

Schokolade mit Trüffel, Tabak und Balsamico probieren.

**Pasticceria Rizzardini**

Eine echte venezianische *Pasticceria* besuchen.

- Sehenswürdigkeiten
- Shoppen
- Essen & Trinken
- 100% there

# Sehenswürdigkeiten

(1) Auf und in der Nähe der **Ponte di Rialto** (Rialtobrücke) mit den kleinen Souvenirläden wimmelt es eigentlich immer von Menschen. Schon Ende des 12. Jahrhunderts wurden hier Boote als Brücke verwendet, bis um 1250 dann eine richtige Holzbrücke gebaut wurde. Jahrhundertelang war die Rialtobrücke das Herz der Stadt: Am Fuß der Brücke wurden Bankgeschäfte abgewickelt und Handel getrieben. Die heutige Steinbrücke löste 1588 die Holzbrücke ab und war bis zum Bau der Accademiabrücke 1854 die einzige Brücke über den Canal Grande.
*san polo, ponte di rialto, boot: rialto mercato*

(2) Früher herrschte auf dem **Campo San Giacomo** mehr Betriebsamkeit als heute. Die Kirche San Giacomo di Rialto stand mitten auf dem Markt, und in den Gebäuden ringsum wurde Obst und Gemüse verkauft. Gegenüber der Kirche steht die Statue Il Gobbo, "der Bucklige". Die Treppenstufen auf seinem Rücken führen zu einer Säule, von der in alten Zeiten der Stadtausrufer die Neuigkeiten verkündete.
*san polo, campo san giacomo, geöffnet: kirche täglich 9.00-12.00 & 16.00-18.00, eintritt: kirche frei, boot: rialto mercato*

(13) Das **Ca' Pesaro** beherbergt zwei Museen: die **Galleria d'Arte Moderna** (moderne Kunst) und das **Museo Orientale** (orientalische Kunst). Besonders die Sammlung der Galleria d'Arte Moderna ist lohnenswert. Sie umfasst Werke venezianischer, italienischer und internationaler Künstler des 19. und 20. Jahrhunderts. Eines der Spitzenwerke ist Judith II (Salomé) von Gustav Klimt. Der Palazzo wurde Ende des 17., Anfang des 18. Jahrhunderts für die bedeutende venezianische Familie Pesaro errichtet. Der imposante Eingang, die zentrale Halle in der ersten Etage und der Innengarten sind typische Beispiele für die Architektur der venezianischen Palazzi.
*santa croce 2076, fondamenta di ca' pesaro, www.visitmuve.it, telefon: 041 721127, geöffnet: di-so apr.-okt. 10.00-18.00, nov.-märz 10.00-17.00, eintritt: 10 €, boot: san stae*

⑲ Die **Scuola Grande San Giovanni Evangelista** hat eine wunderschöne Renaissancefassade. Sie wurde 1261 als eine der ersten scuola Venedigs von einer wohltätigen Bruderschaft gegründet. Die Spenden wurden hauptsächlich in Kunst investiert. Zu sehen ist ein interessanter Stilmix, von der Renaissance bis zum Barock. Im Obergeschoss gibt es Deckengemälde. Es finden regelmäßig Konzerte statt.
*san polo 2454, calle scuola, www.scuolasangiovanni.it, telefon: 041 718234, geöffnet: 9.30-17.00, exakte Tagesangaben siehe Website, eintritt: 5 €, boot: san tomà*

㉑ Die **Santa Maria Gloriosa dei Frari**, kurz "I Frari", zählt zu den größten Kirchen der Stadt. Sie wurde während des 14. und 15. Jahrhunderts im gotischen Stil von Franziskanern erbaut. Hier hängen zwischen vielen Meistern zwei besonders schöne Gemälde von Tizian. Auch das Grab des Künstlers befindet sich in dieser Kirche. Betritt man das Innere, sieht man sofort eine große Marmorpyramide mit geöffneter Tür als Symbol für das Jenseits.
*san polo, campo dei frari, www.basilicadeifrari.it, geöffnet: mo-sa 9.00-18.00, so 13.00-18.00, eintritt: 3 €, boot: san tomà*

㉕ Die **Scuola Grande di San Rocco** wurde im 16. Jahrhundert fast vollständig von Tintoretto gestaltet. Über fünfzig Werke des berühmten venezianischen Künstlers sind hier zu bewundern. Damit Besucher beim Betrachten der Deckengemälde keinen steifen Nacken bekommen, können sie Spiegel für den Blick nach oben nutzen. Die Scuola wurde einst zu Ehren San Roccos gebaut, des Schutzheiligen gegen ansteckende Krankheiten und Plagen. Haben die Tintoretto-Gemälde Ihnen Lust auf mehr gemacht? Dann sollten Sie unbedingt noch in die Kirche San Rocco schräg gegenüber hineinschauen.
*san polo 3052, campo san rocco, www.scuolagrandesanrocco.it, telefon: 041 5234864, geöffnet: täglich 9.30-17.30, eintritt: 10 €, boot: san tomà*

## SCUOLA GRANDE SAN GIOVANNI EVANGELISTA 19

# Essen & Trinken

③ Venedig war jahrhundertelang ein Tor zum Osten und bildetet eine Brücke zwischen Ost und West. Einst war die Osteria **Naranzaria** neben der Rialtobrücke ein Lagerhaus für Zitrusfrüchte. Heute vereinigen sich hier Gerüche, Geschmäcker, Menschen und Kulturen. Auf der Karte stehen Carpaccio vom Schwertfisch, Seeteufel mit Safran und eine herrliche Käseauswahl, auch gute Weine und Cocktails.
*san polo 130, campo san giacomo, www.naranzaria.it, telefon: 041 7241035, geöffnet: apr.-okt. täglich, nov.-märz di-so 10.00-2.00, preis: 30 €, boot: rialto mercato*

④ In einem ehemaligen Obst- und Gemüselager befindet sich die **Osteria Bancogiro**, mit fantastischer Aussicht auf den Canal Grande. Es locken eine schöne Terrasse, originelle und leichte Gerichte, gute Weine und – nicht zu vergessen – köstliche Käsesorten. Probieren Sie doch mal den San-Daniele-Schinken, hausgemachte Pasta mit Garnelen und Salbeipesto oder Meerbrasse mit knusprigen Trockenfrüchten und Honig.
*san polo 122, campo san giacomo, www.osteriabancogiro.it, telefon: 041 5232061, geöffnet: di-so 9.00-0.00, preis: 40 €, boot: rialto mercato*

⑤ **Al Mercà** ist nicht viel mehr als eine Wand mit Essensausgabe und damit Venedigs kleinste Osteria. Hier trifft man sich und trinkt und isst draußen im Stehen, auch im Winter. Probieren Sie ein gutes Glas Wein, einen Spritz und dazu ein *panino* oder die köstlichen Bällchen aus Thunfisch und Aubergine.
*san polo 213, campo cesare battisti, geöffnet: mo-sa 9.00-21.00, preis: glas wein ab 1,50 €, panini 2,00 €, boot: rialto mercato*

⑦ Man sagt, in Venedig sei die Zeit stehen geblieben. Aber **Muro** beweist mit seiner trendigen Einrichtung und den jungen, dynamischen Gästen das Gegenteil. Hier geht es nämlich äußerst lebhaft zu: Venezianer gehen ein und aus, trinken laut diskutierend Kaffee oder Wein. Gegen Abend wird die Musik lauter und das Café verwandelt sich in eine hippe Studentenbar.
*san polo 222, campo cesare battisti, www.murovinoecucina.it, telefon: 041 2412339, geöffnet: mo-sa 9.00-15.00 & 16.00-2.00, so 16.00-2.00, preis: glas wein und frittierter fisch 8 €, boot: rialto mercato*

NARANZARIA ③

⑧ Die **Cantina Do Mori** gibt es schon seit 1462. Einer der bekanntesten Gäste: Casanova höchstpersönlich. Ein authentisches Bacaro, versteckt in den dunklen Gassen hinter dem Rialtomarkt. Es gibt keine Stühle, dafür guten Wein, ergänzt durch leckere venezianische Tapas (*cicchetti*).
*san polo 429, calle dei do mori, telefon: 041 5225401, geöffnet: täglich 8.00-20.00, preis: glas wein ab 3 €, boot: rialto mercato*

⑩ Echt venezianisches Essen in traditioneller Umgebung, gemütlich und gut – dafür steht das **Al Garanghélo**. Diese lebhafte Osteria ist bei Touristen genauso beliebt wie bei Einheimischen, die gern mal auf ein Glas Hauswein mit Cicchetti vorbeischauen. Probieren Sie als Dessert den *budino del doge* (Dogenpudding).
*san polo 1570, calle dei boteri, www.algaranghelo.it, telefon: 041 721721, geöffnet: täglich 11.00-23.00, preis: 35 €, boot: rialto mercato, san stae*

⑭ Im **La Zucca** sind Vegetarier bestens aufgehoben, denn auf der Karte stehen frische Saisongemüse. Probieren Sie die Kürbisgerichte und den köstlichen Ingwerkuchen! Reservierung empfohlen, hier ist es immer voll.
*santa croce 1762, ponte del megio, www.lazucca.it, telefon: 041 5241570, geöffnet: mo-sa 12.30-14.30 & 19.00-22.30, preis: 40 €, boot: san stae*

⑯ Eine der besten Weinbars an einem der schönsten Plätze des Viertels: Enoiteca **Al Prosecco**. Die Bezeichnung "Enoiteca" ist so etwas wie ein Gütezeichen für eine besondere *Enoteca* (Weinbar). Hier gibt es ein riesiges Angebot an Qualitätsweinen, die hervorragend zu Fisch, Fleisch und Käse passen. Serviert werden hauptsächlich Slow-Food-Produkte.
*santa croce 1503, campo san giacomo dell'orio, www.alprosecco.com, telefon: 041 5240222, geöffnet: mo-sa 9.00-20.00, preis: glas prosecco 3,50 €, boot: san stae, riva di biasio*

⑰ **Il Refolo** ist die erste Adresse für eine richtig gute Pizza. Alle anderen Speisen sind ebenfalls lecker, jedoch um einiges teurer. Im Sommer ist die große Terrasse am Wasser der perfekte Platz, um mit Leib und Seele venezianische Dolce Vita zu genießen.
*santa croce 1459, campiello del piovan, telefon: 041 5240016, geöffnet: di 19.00-22.30, mi-so 12.00-14.30 & 19.00-22.30, preis: 40 €, pizza 10 €, boot: san stae, riva di biasio*

⑱ Naschkatzen sind in der **Pasticceria Rio Marin** bestens aufgehoben. An der Theke und draußen auf der kleinen Terrasse können Sie sich mit herrlichen Obsttörtchen, Blätterteig mit Birne-Schokoladefüllung und unwiderstehlichen Brioches oder Tiramisù verwöhnen lassen.
*santa croce 784, fondamenta rio marin, telefon: 041 718523, geöffnet: mo-di & do-so 7.00-20.00, preis: cappuccino 1,50 €, boot: riva di biasio*

OSTERIA BANCOGIRO ④

## ㉟ PASTICCERIA RIZZARDINI

⑳ Das **Caffè dei Frari** existiert bereits seit 1870 und ist auch unter dem Namen Caffè Toppo bekannt. Perfekt für einen Kaffee, einen Spritz ode ein Glas Wein mit einem Snack und einem Panino. Die Atmosphäre ist elegant, aber schlicht. Über eine Wendeltreppe erreicht man einen Saal im Liberty-Stil und hat von der Ballustrade den Blick nach unten.
*san polo 2564, fondamenta dei frari, telefon: 041 5241877, geöffnet: täglich 8.00-21.00, preis: spritz 2,50 €, boot: san tomà*

(23) In der **Bottega del Caffè Dersut** bekommen Sie Fruchtshakes oder Smoothies. Doch die Spezialität in diesem "Kaffeeladen" ist natürlich eindeutig der Kaffee: Espresso, Cappuccino, Caffè macchiato, Caffè latte oder exotische Kreationen, wie Caffè nocciolato, Caffè bottega oder Caffè del conte.
*san polo 3014, campo dei frari, www.dersut.it, telefon: 041 3032159, geöffnet: mo-sa 6.00-20.00, so 8.00-13.00, preis: kaffee 1 €, boot: san tomà*

(24) Am Eiscafé **Millevoglie** kann man einfach nicht vorbeigehen. Die Eiskugeln sind riesengroß, was man beim Bestellen berücksichtigen sollte. Eher Lust auf etwas Herzhaftes? Es gibt hier auch leckere Pizzastücke.
*san polo 3033, salizada san rocco, telefon: 041 5244667, geöffnet: täglich 10.00-0.00, preis: kugel 1,50 €, boot: san tomà*

(33) Die **Osteria La Patatina** ist richtig gemütlich, vor allem dann, wenn das Wetter nicht mitspielt. In der kleinen Bar isst man traditionell venezianisch, also Fisch in allen Variationen. Kulinarische Highlights sind der frittierte Tintenfisch, Spaghetti mit Venusmuscheln und die venezianische Spezialität *Baccalà mantecato* (Stockfischmus).
*san polo 2741a, calle dei saoneri, www.lapatatina.it, telefon: 041 5237238, geöffnet: täglich 18.30-22.30, preis: 35 €, boot: san tomà*

(34) Die **Birraria La Corte** ist eine riesige Pizzeria mit 150 Plätzen. Ideal also für die italienische Großfamilie mit vielen Bambini oder für ein Treffen mit der ganzen Clique. Im Restaurant kann man noch zahlreiche Details aus der Zeit entdecken, in der hier eine Bierbrauerei untergebracht war. Probieren Sie unbedingt die Pizza mit Kapern, getrockneten Tomaten und Oliven.
*san polo 2168, campo san polo, telefon: 041 2750570, geöffnet: täglich 11.00-23.30, preis: pizza 10 €, boot: san silvestro*

(35) Manchmal herrscht in der vielleicht kleinsten Bäckerei der Stadt ein ziemlich heftiges Gedränge. Seit 1742 werden hier typisch venezianische Köstlichkeiten wie Kekse mit Nüssen hergestellt. Marmorfußboden, Holzschränke und Holztheke sorgen in der **Pasticceria Rizzardini** für eine gemütliche Atmosphäre. Ideal für einen Kaffee mit einer süßen Kleinigkeit. Im Stehen, selbstverständlich.
*san polo 1415, campiello dei meloni, telefon: 041 5223835, geöffnet: mo & mi-so 7.00-20.30, preis: espresso 1,00 €, boot: san silvestro*

# Shoppen

(6) In der **Casa del Parmigiano** werden Käse, Schinken und andere Delikatessen wie Kostbarkeiten präsentiert. Allesamt Qualitätsprodukte. Schon allein die Herren in makellosem Weiß sind sehenswert. Also nichts wie hin und sich ein Stück Parmigiano Reggiano Stravecchio oder Prosciutto Crudo di Parma gönnen. Wunderbar!
*san polo 214-218, campo cesare battisti, www.aliani-casadelparmigiano.it, telefon: 041 5206525, geöffnet: mo-mi 8.00-13.30, do-sa 8.00-19.30, boot: rialto mercato*

(11) **Cárte** stellt Kunst aus Karton her. Mit einer speziellen Technik verleiht Rosanna Corrò dem Papier einen Marmoreffekt, der dynamisch und modern aussieht. In ihrem Atelier entstehen Taschen, Ohrringe, Ketten, Schachteln, Einbände und Gemälde aus diesem kunstvollen Papier. Sehr originell!
*san polo 1731, calle dei cristi, www.cartevenezia.it, telefon: 320 0248776, geöffnet: mo-sa 10.30-18.00, boot: rialto mercato, san stae*

(12) Der Venezianer Paolo und seine thailändische Frau Narissa führen gemeinsam den Bekleidungsladen **Bisnonni**. Hier gibt es für wenig Geld originelle und einzigartige T-Shirts, aber auch traditionelle Kleidung aus Thailand, Tibet und Nepal mit westlichem Touch. Suchen Sie sich hier ein T-Shirt oder ein Kleid aus und frischen Sie Ihr Outfit farblich auf.
*santa croce 2120, corte tiozzi, telefon: 041 4760889, geöffnet: mo-sa 10.30-19.30, so 11.00-18.00, boot: san stae*

(22) **Polliero** ist ein gemütlich-chaotischer Papierladen, der sich auf Buchbinderei spezialisiert hat und seit drei Generationen in Händen der Familie ist. Hefte, Mappen, Adressbücher, Fotorahmen und vieles mehr findet der Papierfreund hier, alles aus schön marmoriertem Papier.
*san polo 2995, campo dei frari, telefon: 041 5285130, geöffnet: mo-sa 10.30-19.30, boot: san tomà*

(26) **Elitre** ist kein alltäglicher Laden, sondern ein Concept Store mit extravaganter Kleidung von Designerlabels. Die farbenfrohe und verführerische Umgebung versetzt den Besucher in eine andere Welt. Schlüpfen Sie doch einmal in die aparten Schuhe von Agatha Ruiz de la Prada oder in ein Teil von Fiorucci und erstehen Sie dazu eine Tasche von Irregular Choice.
*dorsoduro 3949/3950, calle crosera, www.elitre.it, telefon: 041 0990067, geöffnet: mo-sa 10.00-13.00 & 15.00-19.30, boot: san tomà*

(30) FANNY

(27) Schokoladenfreunde müssen unbedingt zu **VizioVirtù**. Außer Pralinen in allen Geschmacksrichtungen finden Sie dort witzige Accessoires und Produkte, hergestellt aus und mit Schokolade. Wie wäre es mit Espressotassen aus Schokolade oder Tagliatelle mit Kakao? Oder lieber Schokolade mit Trüffel, Olivenöl, Tabak und Balsamico? Im Winter gibt es einen köstlichen dicken, unwiderstehlichen Kakao.
*san polo 2898a, calle del campaniel, www.viziovirtu.com, telefon: 041 2750149, geöffnet: täglich 10.00-19.30, boot: san tomà*

,(28) Bei **Tragicomica** erstehen oder mieten Sie für den Karneval jede Menge handgemachte Masken und Kostüme, die von der Commedia dell'Arte und venezianischer Kleidung des 17. und 18. Jahrhunderts inspiriert sind. Ziehen Sie doch mal als Arlecchino um die Häuser!
*san polo 2800, calle dei nomboli, www.tragicomica.it, telefon: 041 721102, geöffnet: täglich 10.00-19.00, boot: san tomà*

(29) Hier geht es nicht um Quantität, sondern um Qualität. **Sabbie e Nebbie** hält es besonders schlicht: Einzelne, schöne Geschirrteile sind geschmackvoll drapiert. Neben fragilen Schalen, japanischen Teekannen und italienischen Vasen werden auch Seidenschals verkauft. In diesem eleganten Geschäft reist der Besucher von Ost nach West – und zurück.
*san polo 2768a, calle dei nomboli, telefon: 041 719073, geöffnet: mo-sa 10.00-12.30 & 16.00-19.30, boot: san tomà*

(30) Selbst im Hochsommer kauft man bei **Fanny** noch handgemachte Lederhandschuhe, die es in allen Farben und Größen gibt: lang, kurz, genoppt, mit Reißverschluss oder Druckknöpfen. Oder doch lieber eine bunte, originelle Ledertasche für den Sommer? Die gibt es hier auch.
*san polo 2723, calle dei saoneri, telefon: 041 5228266, geöffnet: täglich 9.30-13.30 & 14.30-19.30, boot: san tomà*

(31) Die Pariserin Claudia Puschi bietet in ihrem **Il Mercante di Sabbia** Artikel für Ihr Zuhause an, aber auch Ohrringe, Taschen und Hüte. Nicht günstig, aber für die Originalität angemessen. Claudia liebt die Eleganz und ist stets auf der Suche nach Designern, um ihr Angebot zu erweitern.
*san polo 2724, calle dei saoneri, telefon: 041 5243865, geöffnet: täglich 9.30-13.30 & 14.30-19.30, boot: san tomà*

(32) **La Maison de la Sireneuse** ist ein Mix aus Laden und Markt – voll mit neuer, gebrauchter und auch selbst geschneiderter Kleidung, Vintage und Accessoires. Die Eigentümerin fertigt auch Schmuck an. Bleibt nur noch die Frage: Der Freundin etwas mitbringen oder sich selbst beschenken?
*san polo 2614a, rio terà, telefon: 041 0993089, geöffnet: mo-sa 10.00-20.00, boot: san tomà*

## ⑨ PESCARIA

# 100% there

⑨ Die **Pescaria** ist durch ihre Lage am Canal Grande zweifelsohne einer der schönsten Fischmärkte Europas. Schon seit über sechs Jahrhunderten werden hier Fisch und Schalentiere verkauft. Die Markthalle wurde 1907 im neogotischen Stil mit hohen Marmorsäulen und Holzdecken erbaut. An den Fischmarkt grenzt der Gemüse- und Obstmarkt. Auch für andere kulinarische Genüsse ist gesorgt, denn in den Gassen rund um den Markt gibt es viele Metzger und Delikatessengeschäfte. Wollen Sie die Restaurantbesitzer beim Fischkauf beobachten? Dann müssen Sie morgens vor acht Uhr den Markt besuchen.
*san polo, campo della pescaria, geöffnet: mo-sa bis 13.00 (mo nur gemüsemarkt), boot: rialto mercato*

⑮ Unter all den prachtvollen venezianischen Kirchen besticht **San Zan Degolà** (offiziell: San Giovanni Battista Decollato) durch ihre Schlichtheit. Sie ist eines der wenigen Beispiele gut erhaltener venezianisch-byzantinischer Architektur in Venedig. Die Kirche wird von der Russisch-Orthodoxen Gemeinde für ihre Gottesdienste genutzt. In ihrem Innern können Sie acht Marmorsäulen mit byzantinischen Kapitellen aus dem 11. Jahrhundert bewundern, die die Kirche in drei Schiffe aufteilt. Bestaunen Sie auch die schönen Fresken aus dem 13. und 14. Jahrhundert, die während der Renovierungsarbeiten 1945 und 1993 entdeckt wurden und die zu den ältesten in Venedig zählen. Ein Schmuckstück, für das sich ein kleiner Umweg unbedingt lohnt!
*santa croce, campo san giovanni decollato, geöffnet: mo-sa 10.00-12.00, eintritt: frei, boot: riva di biasio*

㊱ Bereit für einen trendigen italienischen Haarschnitt? Bei **Stefano e Claudia** ist dies ein besonderes Erlebnis. Mit Blick auf den Canal Grande wird Ihre Frisur fachkundig in Form gebracht. Hier lassen sich auch die Venezianer gerne einen neuen Schnitt verpassen, also am besten vorher einen Termin vereinbaren.
*san polo 1098b, riva del vin, www.stefanoeclaudiahairdressing.it, telefon: 041 5201913, geöffnet: di-sa 9.00-17.00, preis: schneiden und föhnen ab 55 €, boot: san silvestro*

# Santa Croce & San Polo

**SPAZIERGANG 2** (ca. 4 km)

Starten Sie an der Rialtobrücke (1) (2) (3) (4) und gehen dann weiter zum Campo C. Battisti (5) (6) (7). Biegen Sie links in die C. dei Varoteri ein und dann rechts in die Ruga degli Spezieri. Bei der zweiten Gasse links liegt um die Ecke eine Weinbar (8). Am Ende der R. d. Spezieri befindet sich der Fischmarkt (9). Über die C. delle Beccarie kommen Sie zur Calle dei Botteri. Dort links (10) gehen, die zweite rechts abbiegen (11) und weiter bis zum Campo S. Cassiano. Über den Platz und zur Brücke links bei der C. Regina. Die erste Gasse rechts führt zum Campo Santa M.M. Domini. Gehen Sie schräg über den Platz und in die Corte Tiozzi (12) und Ramo Tiozzi. Am Ende links dann wieder rechts zum Ca' Pesaro (13). Gehen Sie über die C. Pesaro zum Campo S. Stae. Biegen Sie links in die Salizada S. Stae ein, dann rechts in die C. Tintor (14). Nach der kleinen Brücke rechts und dann links in die R. del Megio. Am Ende der Straße rechts und dann gleich links in die C. die Preti zur kleinen Kirche (15). Dann schräg über den Platz und in die C. d. Spezier. Die C. Larga führt Sie zum Campo S. G. dell'Orio (16) (17). Gehen Sie über die Brücke zur C. Savio, danach links in die C. Orsetti. Überqueren Sie den Campo N. Sauro nach rechts und biegen Sie rechts in die C. Larga dei Bari ab und weiter in die C. de la Croce. Dort links abbiegen und die Brücke (18) überqueren. Am Ende der Rio Marin rechts in die C. dell'Olio (19). Am Ende links in die Rio Terà S. Tomà und über die erste Brücke (20) zur Kirche (21). Dann über den Campo dei Frari (22) (23) und rechts in die Salizada S. Rocco (24) (25). Anschließend links über die Brücke in die C. de la Scuola und wieder links in die C. Crosera (26). Erneut links in die C. de la Frescada und über die Brücke zur C. del Campaniel (27). Sie erreichen den Campo S. Tomà und Campiello S. Tomà. Über den Platz zur C. dei Nomboli (28) (29) gehen. Links und gleich wieder rechts in die C. dei Saoneri (30) (31) ab und weiter zur C. Seconda dei Saoneri (32). Weiter über die C. dei Saoneri (33) zum Campo S. Polo (34). Folgen Sie den Schildern 'Rialto' (35). Am Campiello dei Meloni in die C. di Mezzo einbiegen zum Campo Sant'Aponal. Rechts in die C. del Luganegher und über den Campo S. Silvestro. Über die Sotoportego del Traghetto erreichen Sie die Riva del Vin (36) und etwas weiter die Rialtobrücke.

3

auf dem Platz nur ein paar einsame Fisch- und Gemüsestände aufgebaut sind, kann man in den umliegenden Cafés herrlich Kaffee trinken.

Obwohl Dorsoduro gut besucht ist, kann man in die stillen Gassen ausweichen und so den Menschenmassen entweichen. Besonders die Gegend um die kleine, abgelegene Kirche San Nicolò dei Mendicoli herum ist eine Oase der Ruhe. Aber auch östlich der Accademia, Richtung Kirche Santa Maria della Salute, können Sie den Touristenstrom hinter sich lassen.

Auf keinen Fall verpassen sollte man die einzigartige Atmosphäre, in die man auf den Zattere eintauchen kann. Diese lange, breite Straße entlang des Canale della Giudecca gehört am Nachmittag und am Sonntag den flanierenden Venezianern. Hier verläuft auch jeden Oktober der Marathon von Venedig. Auf den Zattere sollte man sich in einem Café niederlassen und die weite Sicht auf die Insel Giudecca und die Lagune genießen. *Che bello*!

# 6 Insider-Tipps

**Gallerie dell'Accademia**

Sich von Meisterwerken verführen lassen.

**Cantinone già Schiavi**

Crostini essen und Prosecco trinken.

**Peggy Guggenheim-Museum**

Moderne Kunst bestaunen.

**Zattere**

Die Aussicht in einem Café genießen.

**Campo Santa Margherita**

Stimmungsvoller Platz zum Verschnaufen.

**Madera**

Stilvolle Accessoires für zu Hause kaufen.

**Sehenswürdigkeiten**
**Essen & Trinken**
**Shoppen**
**100% there**

# Sehenswürdigkeiten

(1) Die **Gallerie dell'Accademia** verfügen über eine riesige Sammlung venezianischer Kunst von 1400 bis 1900. Hier hängen die Werke aller großen Maler wie Bellini, Carpaccio, Giorgione, Tiepolo, Tintoretto, Tiziano und Veronese. Ein Muss für alle Kunstfreunde.
*dorsoduro 1050, campo della carità, www.gallerieaccademia.org, telefon: 041 5200345, geöffnet: mo 8.15-14.00, di-so 8.15-19.15, eintritt: 9 €, boot: accademia*

(8) Der barocke **Palazzo Ca' Rezzonico** beherbergt seit 1934 das Museum für venezianische Kunst des 18. Jahrhunderts. Besonders die Fresken von Tiepolo und der riesige Ballsaal sind absolut sehenswert. Schön ist auch die alte überdachte Gondel in der Halle.
*dorsoduro 3136, fondamenta rezzonico, www.visitmuve.it, telefon: 041 2410100, geöffnet: mo & mi-so apr.-okt. 10.00-18.00, nov.-märz 10.00-17.00, eintritt: 8 €, boot: ca' rezzonico*

(12) Die **Ponte dei Pugni** (Brücke der Fäuste) ist bekannt für die traditionellen Kämpfe, die dort bis 1705 zwischen verschiedenen Vierteln und Gruppen der Stadt ausgefochten wurden. Vier eingelassene Fußabdrücke erinnern noch an den Brauch, bei dem so mancher venezianische Raufbold ins Wasser befördert wurde: Die Brücke hatte damals noch kein Geländer.
*dorsoduro, ponte dei pugni, boot: ca' rezzonico*

(17) Das beeindruckende, 443m² große Deckengemälde ist die Attraktion der Kirche **San Pantalon**. Der Künstler Gian Antonio Fumiani hat 24 Jahre dafür gebraucht und starb nach einem Sturz vom Gerüst. Für fünfzig Cent wird die Decke eine Minute lang beleuchtet und erstrahlt dann in vollem Glanz.
*dorsoduro, campo san pantalon, geöffnet: mo-fr 10.00-12.00 & 13.00-15.00, eintritt: frei, boot: san tomà*

(22) In einem entlegenen Winkel der Stadt steht eine der kleinsten und schönsten Kirchen Venedigs, **San Nicolò dei Mendicoli**. Für einen Euro geht das Licht an und alle Ornamente, Wand- und Deckengemälde können bestaunt werden – in aller Ruhe, denn nur wenige finden den Weg hierher.
*dorsoduro, campo san nicolò, geöffnet: mo-sa 10.00-12.00 & 15.00-17.30, so 10.00-12.00, eintritt: frei, boot: san basilio*

(33) **Punta della Dogana** ist ein Museum für zeitgenössische Kunst in einem renovierten, historischen Zollgebäude. Hier ist die Sammlung des sehr vermögenden französischen Unternehmers und Kunstsammlers François Pinault ausgestellt, der als einflussreichster Kunstkenner gilt. Und das ist nicht mal übertrieben, schließlich besitzt er neben dieser beeindruckenden Sammlung noch ein anderes berühmtes Museum in Venedig: den Palazzo Grassi am Canal Grande.
*dorsoduro 2, punta della dogana, www.palazzograssi.it, telefon: 041 2719031, geöffnet: mo & mi-so 10.00-19.00, eintritt: 15 €, boot: salute*

(34) Die **Santa Maria della Salute** gehört mit ihrer riesigen, schon von Weitem sichtbaren Kuppel zur berühmten Stadtsilhouette von Venedig. Die 'Salute' wurde gebaut, um das Ende der Pestepidemie (1630) zu feiern. Am 21. November gedenkt man noch heute während der Festa della Madonna della Salute dieser Katastrophe. Venezianer überqueren dann über eine Schiffsbrücke den Canal Grande und zünden in der Kirche eine Kerze an. In der Sakristei hängen Gemälde von Tizian und Tintoretto.
*dorsoduro, campo della salute, geöffnet: täglich 9.00-12.00 & 15.00-17.30, eintritt: sakristei 2 €, boot: salute*

(35) Im Gebäude des heutigen **Peggy-Guggenheim-Museums** wohnte von 1949 bis zu ihrem Tod 1979 die Amerikanerin Peggy Guggenheim. Sie sammelte und handelte mit moderner Kunst, und so gibt es im Museum hauptsächlich Werke des 20. Jahrhunderts. Picasso, Kandinsky, Mirò, Chagall, Pollock, De Kooning und Max Ernst – alle haben sie dort ein Zuhause gefunden. Im Museumscafé kann man leckere Kleinigkeiten mit Blick auf den Garten genießen. Im Museum befindet sich ein Shop – ideal für stilvolle Geschenke. Interessantes Detail: Im Museumsgarten wurden alle Hunde von Peggy begraben.
*dorsoduro 704, palazzo venier dei leoni, fondamenta venier, www.guggenheim-venice.it, telefon: 041 2405411, geöffnet: mo & mi-so 10.00-18.00, eintritt: 14 €, boot: accademia, salute*

PEGGY-GUGGENHEIM-MUSEUM (35)

# Essen & Trinken

(3) In der **Snackbar Toletta** gibt es die besten Tramezzini. Auf einer Tafel steht: "Die Geschichte des Tramezzino in Venedig beginnt hier". Urteilen Sie selbst! Von den hellen Sandwichs (ohne Brotkruste) gibt es viele Variationen.
*dorsoduro 119, calle toletta, telefon: 041 5200196, geöffnet: täglich 7.00-20.00, preis: tramezzino 1,50 €, boot: accademia*

(6) Die kleine **Enoteca Ai Artisti** ist modern und geschmackvoll eingerichtet, doch noch schöner sitzt man auf der Terrasse am Wasser, mit einem Espresso oder Spritz in der Hand. Alle Gerichte werden mit frischer Marktware zubereitet.
*dorsoduro 1169a, fondamenta della toletta, www.enotecaartisti.com, telefon: 041 5238944, geöffnet: mo-sa 8.00-23.00, preis: salat 8 €, tagesmenü 30 €, boot: ca' rezzonico, accademia*

(13) Natürlich gibt es in der **Gelateria il Doge** die wunderbaren Eisklassiker, aber versuchen Sie doch auch einmal die besonderen Kreationen. Zum Dahinschmelzen ist *Crema del Doge*, ein Eis aus bester dunkler Schokolade mit kandierten Orangenstückchen.
*dorsoduro 3058a, campo santa margherita, telefon: 041 5234607, geöffnet: täglich 11.00-23.00, preis: kugel 1,50 €, boot: ca' rezzonico*

(14) Das **Orange** ist ein angesagtes Lokal und leuchtend orange eingerichtet. Lust auf einen Spritz mit Crostini, einen Prosecco oder ein kühles Bier? Dann nichts wie hin. Von der Dachterrasse genießt man die Aussicht auf den Campo Santa Margherita.
*dorsoduro 3054/a, campo santa margherita, www.orangebar.it, telefon: 041 5234740, geöffnet: täglich 10.00-2.00, preis: spritz mit crostini 2,50 €, boot: ca' rezzonico*

(16) Die Osteria **Al Bocon DiVino** liegt direkt am Campo Santa Margherita. Der perfekte Ort, um Leute zu beobachten und die Sonne zu genießen. Ideal für ein Frühstück mit Blick auf die kleinen Marktstände, einen Drink mit Snacks am Mittag oder frühen Abend. Die Auswahl an leckeren Cicchetti ist toll.
*dorsoduro 2978, campo santa margherita, www.albocondivino.it, telefon: 041 2440272, geöffnet: mo-sa 7.30-2.00, preis: cicchetti ab 1,50 €, boot: ca' rezzonico*

16

13

(19) Die gemütliche Bar **Al 133** passt zu jeder Tageszeit. Starten Sie zum Frühstück mit einem Caffè macchiato und einem Brioche, um den Tag dann mit endlosen Aperitifs und Cicchetti fortzusetzen. Der versteckte Garten im Innenhof lädt zum Entspannen ein. Berühmt sind die *polpette* (Hackbällchen). *santa croce 133, salizada san pantalon, telefon: 041 713236, geöffnet: täglich 7.15-1.00, preis: polpetta 1,50 €, boot: san tomà, piazzale roma*

(23) Die Spezialität von **Pane, Vino und San Daniele** ist – wie kann es anders sein – der Spitzenschinken San Daniele. Das Restaurant ist aber auch wegen der fantastischen Lage und der gemütlichen Terrasse einen Besuch wert.. *dorsoduro 1722, campo dell'angelo raffaele, www.panevinoesandaniele.net, telefon: 041 5237456, geöffnet: täglich 12.00-14.30 & 19.00-22.30, preis: 40 €, boot: san basilio*

㉜ **LINEADOMBRA**

㉔ Nur einen Katzensprung vom Spaziergang entfernt befindet sich im Hotel Avogaria die **Osteria Alle Corti**. Die hausgemachte Pasta ist einfach wunderbar, besonders die Tortellini. Und wer länger bleiben möchte, für den gibt es das stilvoll eingerichtete Hotel.
*dorsoduro 1629, calle dell'avogaria, www.avogaria.com, telefon: 041 2960491, geöffnet: di-so 12.00-14.30 & 19.00-22.30, preis: 35 €, boot: san basilio*

㉗ Die Trattoria **La Bitta** arbeitet mit Slow-Food-Produkten. Hier werden herrliche *linguine con ragù* (Pasta mit Fleischsoße) oder Kürbisgnocchi mit geräuchertem Ricotta serviert. Über sechzig Weine sind erhältlich und Eigentümerin Debora weiß genau, welcher Wein am besten zu Ihrem Gericht passt.
*dorsoduro 2753a, calle lunga de san barnaba, telefon: 041 5230531, geöffnet: mo-sa 18.30-23.00, preis: 40 €, boot: ca' rezzonico*

(28) Die **Cantinone già Schiavi** ist bei Touristen zwar nicht mehr ganz unbekannt, dennoch ist sie eine gemütliche Enoteca geblieben. Venezianer aus dem Viertel kommen hier gerne vorbei und trinken an der großen Marmorbar ein Glas Wein oder einen Prosecco. Die Crostini sind besonders fantasievoll belegt, es locken Thunfischsalat mit Kakao und Ricotta mit Kürbispüree.
*dorsoduro 992, ponte san trovaso, telefon: 041 5230034, geöffnet: mo-sa 8.00-20.30, so 9.00-13.30, preis: crostini 1 €, prosecco 2 €, boot: accademia, zattere*

(30) **Gelati Nico** gehört zu den bekanntesten Eisdielen der Stadt. Sonntags unterbrechen viele Venezianer ihren Bummel am Uferkai, um sich hier zwischendurch ein köstliches *gelato* zu gönnen oder die Spezialität des Hauses zu genießen: ein *gianduiotto*-Eis aus Haselnussschokolade mit Sahne.
*dorsoduro 922, zattere, www.gelaterianico.com, telefon: 041 5225293, geöffnet: mo-mi & fr-so 7.00-22.00, preis: kugel 1,50 €, boot: zattere*

(31) Das Restaurant **La Piscina** hat für jede Tageszeit das passende Ambiente: Die große Terrasse an den Zattere ist ideal für ein Mittag- oder Abendessen, den Sonnenuntergang gibt es gratis dazu. Sogar im Winter trinken die Italiener – mit großen Sonnenbrillen bestückt und in Pelze gehüllt – auf der Terrasse ihren täglichen Kaffee oder Spritz.
*dorsoduro 782, zattere, www.lacalcina.com, telefon: 041 5206466, geöffnet: di-so 11.00-22.30, preis: 50 €, boot: zattere*

(32) Ein Drink im **Lineadombra** auf der großen Terrasse mit umwerfender Aussicht ist ein Muss. Im stilvoll-schlichten Ambiente werden auch Mittags- und Abendgerichte angeboten. Die Speisen sind originell, die Portionen allerdings eher klein – die Preise dafür umso höher. Dennoch: *The place to be.*
*dorsoduro 19, ponte del umiltà, www.ristorantelineadombra.com, telefon: 041 2411881, geöffnet: mo-di & do-so 12.00-15.30 & 18.00-22.30, im winter zwei monate geschlossen, preis: 70 €, boot: salute*

# Shoppen

(2) Bei **Micheluzzi** gibt es hochwertiges Glas von Massimo Micheluzzi. Der Venezianer hat ein paar Jahre für Archimede Seguso gearbeitet, für viele Einheimische der Meister der Glasbläserei schlechthin. Massimo hat jedoch seinen eigenen Stil entwickelt: klare Linien und dunkle, warme Farben. Seine Werke sind in vielen Museen auf der ganzen Welt zu finden.
*dorsoduro 1071, ponte de le maravegie, telefon: 041 5282190, geöffnet: täglich 10.00-13.00 & 16.00-18.00, im aug. und im winter geschlossen, boot: accademia*

(4) Bücherfreunde sind in der Sacca de la Toletta gut aufgehoben, denn die **Libreria Toletta** bietet ihre Bücher gleich in drei verschiedenen Niederlassungen an. Es gibt jede Menge Kunst- und Fotobücher, aber auch englischsprachige Literatur.
*dorsoduro 1214, sacca de la toletta, www.latoletta.com, telefon: 041 5232034, geöffnet: mo-sa 9.00-19.30, so 15.00-19.00, boot: accademia*

(5) Bei **Canestrelli** werden gewölbte Spiegel hergestellt und auch vor Ort verkauft. Der Inhaber lässt sich dabei von der Kunstgeschichte inspirieren und verwendet alte Techniken, um moderne Spiegel-Unikate zu entwerfen. Sicher gibt es bei Ihnen zu Hause noch einen freien Platz an der Wand für einen ausgefallenen Spiegel.
*dorsoduro 1173, sacca de la toletta, www.venicemirrors.com, telefon: 041 2770617, geöffnet: mo-sa 11.00-13.30 & 16.00-19.30, boot: accademia*

(7) Im kleinen Shop **Madera** sieht es aus wie in der Küche von jemandem mit minimalistischem, aber sehr gutem Geschmack. Die Schüsseln, Teller und Gläser werden auf einem großen Tisch hübsch präsentiert. Zwischen Geschirr und Besteck werben ausgefallene Schmuckstücke um Aufmerksamkeit.
*dorsoduro 2762, campo san barnaba, www.maderavenezia.it, telefon: 041 5224181, geöffnet: di-sa 10.00-13.00 & 16.30-19.30, boot: ca' rezzonico*

PERLAMADREDESIGN ⑨

## ⑱ PENNY LANE SHOP

(9) **Perlamadredesign** hat besonderen, handgefertigten Glasschmuck von Simona Iacovazzi aus Süditalien und Evelina Pescarolo aus Venedig. Sie kombinieren die Murano-Glastechnik mit den intensiven und reinen Farben Süditaliens. Bezaubernder Schmuck aus einer magischen Stadt!
*dorsoduro 3182, calle delle botteghe, www.perlamadredesign.com, telefon: 340 8449112, geöffnet: mo-sa 10.30-13.00 & 15.30-18.30, boot: ca' rezzonico*

(10) Im Laden **Il Graffio** gestalten und verkaufen Alessandra D'Agnolo und Luigi Lombardo eigene Kunstwerke, darunter Drucke und Radierungen, Ledertaschen und Terakottatöpfe oder -vasen. Schön und erschwinglich!
*dorsoduro 3186, calle delle botteghe, www.laboratorioilgraffio.blogspot.it, telefon: 041 3196036, geöffnet: mo-sa 10.00-19.30, boot: ca' rezzonico*

(11) In der Werkstatt von **Signor Blum** werden Holzaccessoires, Puzzles und Spielsachen hergestellt und im angeschlossenen Geschäft verkauft. Ein fröhlicher Laden für große und kleine Kinder!
*dorsoduro 2840, campo san barnaba, www.signorblum.com, telefon: 041 5226367, geöffnet: täglich 10.00-13.30 & 14.30-19.00, boot: ca' rezzonico*

(18) Der **Penny Lane Shop** führt die weltbesten Marken für Streetwear und Accessoires. Modetrends entstehen oft auf der Straße. Hier findet man urbane Fashion, kombiniert mit Surf-Look, Hip Hop und Grunge.
*santa croce 39, salizada san pantalon, www.pennylaneshop.com, telefon: 041 5244134, geöffnet: mo-sa 10.00-19.30, boot: san tomà, piazzale roma*

(20) Schauen Sie kurz bei **Nave de Oro** vorbei, dort kauft man nämlich Wein vom Fass, bereits ab 2 Euro für einen ganzen Liter. Die Weine sind einfach, aber gut und stammen meistens aus der Region. Praktisch zum Mitnehmen: Der Wein wird in Plastikflaschen abgefüllt.
*dorsoduro 2903, campo santa margherita, geöffnet: mo-di & do-sa 9.00-13.00 & 16.00-19.30, mi 9.00-13.00, boot: ca' rezzonico*

(25) Bei **Nono Colussi** gibt es das traditionelle Karnevalsgebäck. In der offenen Backstube hinter dem Laden bäckt "Opa" Franco Colussi schon seit über sechzig Jahren *galani* (dünner Teig mit Puderzucker) und *fritelle* (eine Art Krapfen). In der Weihnachtszeit locken himmlischer *pandoro* (sternförmiger Kuchen) und *panettone* (Kuchen mit Rosinen und Früchten).
*dorsoduro 2867a, calle lunga de san barnaba, telefon: 041 5231871, geöffnet: do-so 9.30-13.00 & 16.00-19.00, juni-sept. geschlossen, boot: ca' rezzonico*

(26) **Lauretta Vistosi** entstammt der berühmten Vistosi-Glasfamilie aus Murano. Vielleicht rührt daher ihre Mal- und Bastelleidenschaft. Mit viel Fanatsie entwirft sie aus Leinen, Wolle und Baumwolle einzigartige Taschen, Mappen, Accessoires und auch Schmuck. Natürlich darf nie ein kleines Vistosi-Glasstück an ihren Kreationen fehlen. Hinten im Laden befindet sich das Atelier.
*dorsoduro 2866b, calle lunga de san barnaba, www.laurettavistosi.org, telefon: 041 5286530, geöffnet: täglich 10.00-19.00, boot: ca' rezzonico*

(36) Die beiden Schwestern **Marina e Susanna Sent** machen auffälligen, modernen und außergewöhnlichen Glasschmuck. In ihrem Laden werden zudem bunte Vasen und Flaschen verkauft. Die Auflagen ihrer Arbeiten sind limitiert, was sie zu echten Kunstobjekten macht.
*dorsoduro 669, campo san vio, www.marinaesusannasent.com, telefon: 041 5208136, geöffnet: täglich 10.00-18.00, boot: accademia*

(37) **Totem il Canale** ist ein Laden bzw. eine Galerie für afrikanische Kunst (Masken, Figuren und Stoffe), prächtige venezianische Glasketten, moderne Kunstwerke, Gemälde und Schmuck von unterschiedlichen Künstlern. Kurzum, für jeden Geschmack gibt es hier Kunst- und Stilvolles.
*dorsoduro 878b, rio terà antonio foscarini, www.totemilcanale.com, telefon: 041 5223641, geöffnet: mo-sa 10.00-13.00 & 15.00-19.00, apr.-nov. auch so, boot: accademia*

## LAURETTA VISTOSI (26)

# 100% there

⑮ Auf dem **Campo Santa Margherita** herrscht von frühmorgens bis spätabends ein geschäftiges, fröhliches Treiben. Bei einer Tasse Kaffee am Morgen schaut man den Anwohnern bei ihren täglichen Einkäufen an den Fisch-, Gemüse- und Obstständen zu. Abends füllt sich der Platz mit venezianischen Nachtschwärmern.
*dorsoduro, campo santa margherita, boot: ca' rezzonico*

㉑ Neben der Kirche Santa Maria dei Carmini steht die **Scuola Grande dei Carmini**. Die Karmeliter erteilten Tiepolo 1740 den Auftrag, die Decken ihrer Schule zu bemalen. Mit Spiegeln können die wunderbaren Deckenmalereien heute ausgiebig betrachtet werden. Kunst für die Ohren: In der Scuola finden auch regelmäßig klassische Konzerte statt. Einfach mal im Programm nachschauen, das an der Kasse erhältlich ist.
*dorsoduro 2617, campo santa margherita, telefon: 041 5289420, geöffnet: täglich 11.00-16.00, eintritt: 5 €, boot: ca' rezzonico, san basilio*

㉙ An der Uferpromenade **Zattere** liegen viele Restaurants und Bars. Hier lautet die Devise: Entspannt wie die Venezianer die sonnige Südseite der Insel genießen, am Kai entlangflanieren und sich auf einer Terrasse am Wasser mit herrlicher Aussicht niederlassen. Kurz gesagt: abschalten und den Alltag hinter sich lassen.
*dorsoduro, zattere, boot: zattere*

ZATTERE 29

# Dorsoduro

**SPAZIERGANG 3** (ca. 6 km)

Start: bei der Accademia-Brücke an der Gallerie dell'Accademia (1). Über die C. Contarini Corfù gelangen Sie zur Fondamenta Priuli. Überqueren Sie die Brücke (2) und gehen Sie in die C. Toletta (3) (4) (5). Bei Ai Artisti (6) gibt es leckeres Mittagessen. Am Ende der F. della Toletta weiter über die Brücke zum Campo S. Barnaba (7). Überqueren Sie den Platz zur Fondamenta Rezzonico (8). Oder nach der Brücke in die Calle delle Botteghe zu netten Läden (9) (10) weitergehen. Anschließend zurück zum Campo S. Barnaba (11) und über die Fondamenta Gherardini zur Ponte dei Pugni (12). Folgen Sie der Rio Terà Canal zu einem der schönsten Plätze Venedigs, den Campo S. Margherita (13) (14) (15) (16). Überqueren Sie am Ende die Brücke zur Kirche San Pantalon (17). Nehmen Sie die andere Brücke und überqueren Sie den Campiello Mosca zur Salizada S. Pantalon. Hier links abbiegen (18) (19). Gehen Sie über die Brücke Marcello und in die Fondamenta Bemba del Malcanton. Bei der Corte del Gallo biegen Sie rechts ab und dann links in die C. della Sbiaca. Nach der Brücke links in die Fondamenta del Rio Novo. Überqueren Sie die zweite Brücke. Über die C. del Forno gelangen Sie zurück zum Campo S. Margherita. Auf dem Platz nach rechts (20) (21) gehen zum Campo dei Carmini. Nach der Brücke Foscarini links abbiegen und die Fondamenta Foscarini entlang bis zur Kirche (22). Gehen Sie wieder ein Stück zurück und überqueren Sie die dritte Brücke. Hinter der Kirche links gibt es Essen (23). Kurze Pause auf dem Campo dell'Angelo Raffaele. Vom Campo S. Sebastiano aus über die Brücke. Anschließend in die C. dell'Avogaria (24), die zur Calle Lunga de S. Barnaba wird (25) (26) (27). Fast am Ende durch die kleine Gasse C. de le Turchette laufen, die in die Fondamenta di Borgo übergeht. Biegen Sie am Ende links ab, überqueren Sie schräg den Campo S. Trovaso und gehen dann über die Brücke. Genießen Sie einen Prosecco (28). Anschließend die Fondamenta Nani entlang bis an die Zattere (29). Dort linksabbiegen und sich auf einer der Terrassen entspannen (30) (31) (32). Vorne an der Spitze geht es zum Museum (33). Entlang der Kirche S. Maria della Salute (34) und Sotoportego de l'Abazia weiter zum Peggy Guggenheimmuseum (35). Folgen Sie den Schildern 'Accademia' und Sie sind am Ziel. Vorher warten noch einen Glasladen (36) und eine Galerie (37).

# 4

Gleich hinter den stark frequentierten Hauptwegen liegt das ehemalige jüdische Ghetto. Um 1500 wurden die Juden gezwungen, sich in diesem Viertel niederzulassen. Die Häuser sind hier höher als in anderen Stadtteilen Venedigs, denn so konnten mehr Menschen untergebracht werden. Heute leben hier zwar nur noch wenige Juden, dennoch gibt es einige jüdische Läden, koschere Restaurants und Synagogen, die die jüdische Geschichte spürbar machen. Das Museo Ebraico bietet Führungen zu den Synagogen an.

Von der Fondamenta Nuove aus, einer langen Uferstraße an der Nordseite Venedigs, hat man einen spektakulären Blick auf den Norden der Lagune, auf die Friedhofsinsel San Michele und die Glasbläserinsel Murano. Hier legen auch die Boote zu den verschiedenen Inseln ab. Die Fondamenta Nuove befindet sich auf der "Schattenseite" der Stadt, und es herrscht fast immer eine frische Brise. Eine Erleichterung in den heißen Sommermonaten!

# 6 Insider-Tipps

**Ostaria da Rioba**

Ausgefallene Gerichte auf der kleinen Terasse genießen.

**Santa Maria dei Miracoli**

Eine Kirche voller edlem Marmor besichtigen.

**Algiubagiò**

Stilvoll speisen in einem guten Restaurant.

**Museo Ebraico**

An einer Synagogenführung teilnehmen.

**Ca' d'Oro**

Kunst und tolle Mosaikböden bewundern.

**Mori & Bozzi**

Italienische Designerschuhe anprobieren.

- Sehenswürdigkeiten
- Essen & Trinken
- Shoppen
- 100% there

# Sehenswürdigkeiten

(1) Das **Ca' d'Oro** (wörtlich: "goldenes Haus") ist mit seiner auffälligen gotischen Fassade bestimmt einer der schönsten Palazzi am Canal Grande. Dieser Palast aus dem 15. Jahrhundert beherbergt eine Kunstsammlung mit vielen religiösen Gemälden aus dem 15. und 16. Jahrhundert sowie einige Fragmente von Fresken Tizians. Die Aussicht von den Balkonen und der riesige Mosaikboden machen den Besuch noch lohnenswerter.
*cannaregio 3932, calle di ca' d'oro, www.cadoro.org, telefon: 041 5200345, geöffnet: mo 8.15-14.00, di-so 8.15-19.15, eintritt: 6 €, boot: ca' d'oro*

(17) Im stillen Teil von Cannaregio steht die schöne kleine Kirche **Madonna dell'Orto**. Der Maler Tintoretto wohnte in der Nähe und war der Kirche eng verbunden. Sein Grab befindet sich hier, und auch ein paar seiner Bilder sind in der Kirche zu sehen. Bedauernswert: 1993 wurde in der Kirche ein Bild von Bellini gestohlen. Geblieben ist ein leerer Rahmen, darunter ein Foto des Originals zur Erinnerung.
*cannaregio, campo madonna dell'orto, www.madonnadellorto.org, geöffnet: mo-sa 10.00-17.00, eintritt: 2,50 €, boot: madonna dell'orto*

(19) Am **Campo dei Mori** können Sie an den Gebäudefassaden vier lebensgroße Statuen von orientalisch gekleideten Figuren sehen, *mori* (Mohren) genannt. Das Wort "Mohr" stammt von *morea* (Maulbeerbaum), im venezianischen Dialekt ein Ausdruck für den Peloponnes (Griechenland). Die Figuren stellen die geflohenen griechischen Brüder und Kaufleute Rioba, Sandi und Afani Mastelli dar, die um 1112 nach Venedig kamen. Sie handelten mit Seide und Gewürzen. Der Legende nach wurde ein Fluch über die Brüder ausgesprochen: Sie hatten einer alten Dame Geld abgeschwatzt, was sie mit ihrer Versteinerung büßen mussten. Die vierte Figur stellt vermutlich einen ihrer Diener dar.
*cannaregio, campo dei mori, boot: madonna dell'orto*

(22) Die **Ponte Chiodo** zählt zwar nicht direkt zu den Sehenswürdigkeiten, ist aber doch eine Erwähnung wert, da es sich um die einzige erhalten gebliebene Brücke Venedigs ohne Geländer handelt. Früher sahen alle Brücken in der Stadt so aus. Der Name stammt von der venezianischen Familie, der die Brücke einst gehörte.
*cannaregio, rio di san felice, boot: ca' d'oro*

(23) Die mächtige Barockfassade von **I Gesuiti** ist nur ein kleiner Vorgeschmack dessen, was einen im Inneren erwartet. Diese riesige Jesuitenkirche ist reichlich mit fein bearbeitetem, weißem und grünem Marmor verziert. Kulturelle Höhepunkte sind ein Gemälde von Tintoretto, *Assunzione della Vergine* (Mariä Himmelfahrt), und eines von Tiziano Vecellio, *Martirio di San Lorenzo* (Martyrium des Heiligen Laurentius).
*cannaregio, campo dei gesuiti, geöffnet: täglich 10.00-12.00 & 16.00-18.00, eintritt: frei, boot: fondamenta nuove*

(27) **Santa Maria dei Miracoli** ist eine schön gelegene, weiße Kirche, die man sich ruhig einmal von allen Seiten anschauen sollte. Die Wände sind prächtig mit Marmor verziert, übrigens auch im Inneren. Die Kirche wurde extra für ein Gemälde von Nicolò di Pietro, *Madonna con Bambino* (Maria mit Kind), erbaut. Diesem Bild aus dem 15. Jahrhundert, das über dem Altar hängt, wurde so manches Wunder (*miracolo*) nachgesagt. Neben den christlichen Werken befinden sich in der Kirche auch viele Symbole heidnischen Ursprungs. Bekannt ist Santa Maria dei Miracoli außerdem für die vielen, häufig auch ausländischen Brautpaare, die sich hier ganz romantisch das Jawort geben.
*cannaregio, campo dei miracoli, geöffnet: mo-sa 10.00-17.00, eintritt: 3 €, boot: fondamenta nuove, ca' d'oro, rialto*

CA' D'ORO ①

# Essen & Trinken

(2) Die **Osteria alla Vedova** ist stadtbekannt. Hier wird man in traditioneller Umgebung mit den leckersten Cicchetti verwöhnt, zum Beispiel mit *polpettine* (weiche Hackfleischbällchen), *sarde in saor* (sauer eingelegte Sardinen) und gegrilltem Gemüse. Es herrscht immer viel Betrieb, also am besten vorher reservieren.
*cannaregio 3912, calle del pistor, telefon: 041 5285324, geöffnet: mo-mi & fr-sa 11.30-14.30 & 18.30-23.30, so 18.30-22.30, preis: 40 €, boot: ca' d'oro*

(3) Das weltbeste italienische Eis kommt von **Grom**. Inspiriert von der Slowfood-Bewegung sind alle natürlichen Zutaten sorgfältig ausgewählt und verarbeitet. Es gibt die klassischen Sorten wie Pistazie, Joghurt, Vanille, Stracciatella, Schokolade, Zitrone, Birne und Pfirsich, aber auch eine Reihe saisonaler Geschmacksrichtungen. Der Himmel auf Erden!
*cannaregio 3844, strada nova, www.grom.it, telefon: 041 2602349, geöffnet: apr.-sept. mo-do & so 11.00-23.00, fr-sa 11.00-0.30, okt.-märz mo-do & so 11.00-22.00, fr-sa 11.00-23.00, preis: kugel 2,50 €, boot: ca' d'oro*

(4) Die frischen *bruschette* (geröstetes Brot mit Olivenöl und beispielsweise Tomaten) der **Osteria La Cantina** sind wirklich erstklassig. Ab und zu gibt es Austern, die ganz hervorragend mit einem Glas Prosecco schmecken. Drinnen ist es gemütlich-eng und man tafelt zwischen Weinflaschen. Von einer kleinen Terrasse aus geht der Blick auf die belebte Strada Nova.
*cannaregio 3689, campo san felice (strada nova), telefon: 041 5228258, geöffnet: mo-sa 11.00-0.00, preis: mittagessen 30,00 €, boot: ca' d'oro*

(6) Eine andere empfehlenswerte Eis-Adresse im Viertel ist **Il Gelatone**. Das hausgemachte Eis ist ein Genuss. Für experimentierfreudige Esser gibt es so ausgefallene Sorten wie Joghurt mit Honig und Sesam, Baiser und Bitterschokolade.
*cannaregio 2063, rio terà della madalena, telefon: 041 720631, geöffnet: täglich 9.30-23.30, preis: kugel 1,50 €, boot: s. marcuola*

**OSTERIA LA CANTINA** ④

⑧ Die **Pasticceria Nobile** öffnet am frühen Morgen – ideal für ein italienisches Frühstück. Oder für einen Cappuccino mit einer süßen Zwischenmahlzeit am Vormittag. Oder für eine der legendären Torten am Nachmittag ...
*cannaregio 1818, rio terà della madalena, www.pasticcerianobile.it www.pasticcerianobile.it, telefon: 041 720731, geöffnet: täglich 6.45-20.30, preis: espresso 1 €, boot: s. marcuola*

⑨ **Frito-Inn** ist eine Art Imbissstube, wo man in altmodischen Papiertüten frittierte *calamari* (Tintenfischringe), Fische, Garnelen und Gemüse bekommt. Alle Köstlichkeiten werden frisch vor Ihren Augen zubereitet.
*cannaregio 1587, campo san leonardo, telefon: 333 5979819, geöffnet: di-so 9.30-21.30, preis: tüte 6 €, boot: s. marcuola, guglie*

⑩ Bei **Torrefazione Marchi** werden die Bohnen noch frisch vor Ort geröstet, und ein herrlicher Kaffeeduft verbreitet sich. Kein Wunder, dass Freunde eines guten Kaffees gerne kommen, um ihren Espresso oder Cappuccino zwischen den aufgetürmten Kaffeesäcken zu trinken. Die beliebteste Spezialität ist der *caffè della sposa* (Brautkaffee), eine Melange aus acht verschiedenen Sorten feiner Arabica-Bohnen. Der Kaffee kann auch online bestellt werden und wird dann direkt nach Hause geliefert.
*cannaregio 1337, rio terà san leonardo, www.torrefazionemarchi.it, telefon: 041 716371, geöffnet: täglich 7.00-19.30, preis: espresso 1,00 €, boot: s. marcuola, guglie*

⑪ Neben dem kleinen Markt auf dem Rio Terà San Leonardo liegt die **Cicchetteria Venexiana da Luca e Fred**. Das einfache Familienrestaurant ist für seine leckeren Cicchetti bekannt. Wie wäre es mit frittierten Zucchiniblüten oder *disco volante* (frittierte Auberginenscheiben mit Käse und Schinken dazwischen)? Für wenig Geld gibt es auch ein Tagesmenü. Hier gehen viele Venezianer ein und aus: ein gutes Zeichen.
*cannaregio 1518, rio terà san leonardo, telefon: 041 716170, geöffnet: mo & mi-so 11.30-19.30, preis: tagesmenü 13,50 €, boot: s. marcuola, guglie*

⑬ Gleich am Anfang des jüdischen Viertels befindet sich das **Gam Gam**. Hier können Sie wunderbar koscher essen. Zu den Spezialitäten zählen: cremiger Hummus, Falafel, Artischockenherzen und Couscous mit Gemüse. Genießen Sie dazu einen guten Wein aus Israel.
*cannaregio 1122, eingang ghetto vecchio, www.gamgamkosher.com, telefon: 041 2759256, geöffnet: mo-do & so 12.00-22.00, fr 12.00 bis 2 stunden vor sabbat (sonnenuntergang), im winter sa 1 stunde nach sabbat bis 23.00, preis: mittagessen 20 €, boot: guglie*

⑯ Stärkung oder Erfrischung gefällig? Dann auf zur kleinen Osteria **Al Timon**. Man sitzt drinnen an alten Tischen oder draußen am Wasser und erfreut sich an herzhaft gefüllten Pfannkuchen, Polenta mit Tintenfisch oder Risotto. Die manchmal etwas aufdringliche Musik reicht von Rolling Stones bis Jazz. Gut zu wissen, dass diese Osteria bis nach Mitternacht geöffnet ist.
*cannaregio 2754, fondamenta degli ormesini, telefon: 041 5246066, geöffnet: täglich 11.00-1.00, mi morgen geschlossen, preis: cicchetti 2 €, boot: s. alvise, guglie, s. marcuola*

⑳ Die Küche der **Ostaria da Rioba** ist ungewöhnlich: traditionell mit einem modernen Touch. Das Menü wechselt regelmäßig, auf der Karte stehen Antipasti vom Fisch, hausgemachte *parpadelle* (Bandnudeln) und Ravioli, *baccalà* (Stockfisch) und gegrillter Fisch. Die Terrasse am Wasser ist klein, aber fein. Eins der besten Restaurant in Venedig.
*cannaregio 2553, fondamenta della misericordia, www.darioba.com, telefon: 041 5244379, geöffnet: di-so 12.30-14.30 & 19.30-22.30, preis: 40 €, boot: madonna dell'orto, s. marcuola*

(21) Bei **Il Paradiso Perduto** (Das verlorene Paradies) isst man an langen Holztischen in authentischer venezianischer Atmosphäre. Die Osteria liegt an einem Kanal, und im Sommer kann man draußen sitzen. Der Chefkoch vertäut sein Boot direkt vor der Tür und trägt die Kartons mit den frischen Zutaten selbst ins Restaurant. Köstlich sind die Cicchetti, aber auch die Fischsuppe, der *baccalà mantecato* (Stockfischmus) und der frische Fisch sind unbedingt zu empfehlen. Dazu dann ein Weißwein aus biologischem Anbau.
*cannaregio 2540, fondamenta della misericordia, telefon: 041 720581, geöffnet: mo & do 18.00-2.00, fr-so 11.00-2.00, preis: 25 €, boot: madonna dell'orto, s. marcuola*

(24) An der Fondamenta Nuove liegt das modern eingerichtete und dennoch gemütliche Restaurant **Algiubagiò**. Neben großen Salaten gibt es auch komplette Menüs. Nichts für Unentschlossene: Auf der Weinkarte stehen 350 verschiedene Weine. Von der Terrasse aus sind die Inseln San Michele und Murano zu sehen.
*cannaregio 5039, fondamenta nuove, www.algiubagio.com, telefon: 041 5236084, geöffnet: mo & mi-so 7.00-23.30, preis: mittagsmenü 30 €, boot: fondamenta nuove*

(30) Wer einen schnellen Snack und ein gutes Glas Wein schätzt, geht zu **Un Mondo Divino**. Über achtzig Weine stehen zur Auswahl, die glasweise bestellt werden können. Das Angebot an Cicchetti ist groß und individuell. Es gibt nur wenige Barhocker, gegessen und getrunken wird im Stehen.
*cannaregio 5984a, salizada san canzian, telefon: 041 5211093, geöffnet: täglich 10.00-21.30 (im august 15.00-17.30 geschlossen), preis: 12 €, boot: ca' d'oro, rialto*

(33) In der **Pasticceria Ballarin** herrscht den ganzen Tag über Betrieb. Morgens kommen viele Venezianer auf einen schnellen Kaffee und ein superfrisches Croissant vorbei, nachmittags gerne auf einen Spritz.
*cannaregio 5794, salizada san giovanni grisostomo, telefon: 041 5285273, geöffnet: täglich 7.30-20.00, preis: espresso 1 €, boot: rialto*

(36) Trinken Sie einen frisch gepressten Fruchtsaft bei **Frulalà**. Oder Sie wählen ein Smoothie oder einen Fruchtsalat, ganz nach der Philosophie: Gesunde Ernährung + Fröhlichkeit = Gesundheit. Abends serviert das gut gelaunte Personal leckere Cocktails und Sangria.
*cannaregio 5620, calle dolfin, www.frulala.com, telefon: 338 1919294, preis: smoothie 4 €, boot: ca' d'oro, rialto*

(37) Lust auf ein hausgemachtes und gesundes Eis am Stil? Dann legen Sie einen Stopp bei **Stick House** ein und genießen Sie glutenfreies Eis ohne künstliche Zusatzstoffe. Die Geschmackssorten sind bunt gemischt und richten sich nach der Saison..
*cannaregio 4455, campo santi apostoli, geöffnet: täglich 11.00-19.00, preis: kugel 2,50 €, boot: ca' d'oro, rialto*

# Shoppen

(7) Schöne, bezahlbare Schuhe von italienischen und spanischen Designern gibt es bei **Mori & Bozzi**. Im schicken Laden hängen auch hübsche Kleidungsstücke. So kann man – passend zu den Schuhen – noch ein schönes T-Shirt oder ein exklusives Jackett ergattern.
*cannaregio 2367, rio terà della madalena, telefon: 041 715261, geöffnet: mo-sa 9.30-19.30, so 11.00-19.00, juli-aug. geschlossen, boot: s. marcuola*

(12) **Casa Mattiazzi** verkauft Wein vom Fass. Wenn Sie ein bisschen Italienisch können, gibt der Eigentümer Alberto gerne ein paar Storys rund um seine Weine zum Besten. Einer der Proseccos aus seinem Sortiment ist seiner Meinung nach besser als Champagner.
*cannaregio 1116, fondamenta cannaregio, telefon: 041 5245365, geöffnet: mo-sa 9.00-19.30, mi nachmittag geschlossen, boot: guglie*

(14) Seit inzwischen über 50 Jahren wird in der Bäckerei **Panificio Volpe Giovanni** jüdische Tradition mit gutem venezianischen Lebensstil kombiniert. Frisch aus dem Ofen kommen koscheres und typisch jüdisches Brot, Gebäck und Kuchen. Im jüdischen Viertel bäckt man schon seit über 500 Jahren nach diesen Rezepten. Alles ohne Milch, also ideal für Kuhmilchallergiker.
*cannaregio 1143, calle ghetto vecchio, telefon: 041 715178, geöffnet: mo-sa 6.00-19.30, so 8.30-12.30, boot: guglie*

(28) Neue und gebrauchte Bücher gibt es bei **Miracoli**. Die Bücher liegen drinnen und draußen, wild durcheinander auf großen Tischen. Der Verkäufer lässt die Besucher in Ruhe stöbern. Wer kein Italienisch spricht, findet auch viele englischsprachige Bücher über Venedig.
*cannaregio 6062, campo santa maria nova, telefon: 041 5234060, geöffnet: täglich 10.00-20.30, boot: fondamenta nuove, ca' d'oro, rialto*

## MORI & BOZZI 7

## ㉘ MIRACOLI

㉙ **Dolceamaro** heißt der Delikatessenladen, und die Inhaberin Maria Cristina ist ein wahrer Gourmet. Sie wählt, prüft und probiert alle Produkte, bevor sie ins Sortiment aufgenommen werden. Dazu gehören Schokolade, Wein, Marmelade, Pesto, spezielles Salz und Likör.
*cannaregio 6051, salizada san canzian, telefon: 041 5238708, geöffnet: täglich 10.00-13.30 & 16.00-19.30, boot: ca' d'oro, rialto*

(31) Bei **Acqua Alta** (Hochwasser) gibt es praktische und schöne Kleidung. Kaufen Sie sich doch ein T-Shirt oder Sweatshirt aus guter Qualität mit einem lustigen Spruch, wie: *single solo per questa sera* (Nur heute Nacht Single). Trag- und bezahlbare Mode für alle.
*cannaregio 5690, salizada san giovanni grisostomo, telefon: 041 5231466, geöffnet: täglich 9.00-19.00, boot: ca' d'oro, rialto*

(32) Bei **Fullspot** gibt es Uhren und Taschen für dynamische Menschen. Das Label kommt aus dem benachbarten Padua. Stellen Sie sich Ihre Uhr nach eigenem Gusto zusammen. Die Taschen werden aus einem weichen, leichten und waschbaren Gummimaterial gemacht. Sie wählen die Griffe aus, eine Innen- und eine Außenseite und kreieren so Ihre ganz individuelle Tasche. Hier ist Fanatsie gefragt!
*cannaregio 5692, salizada san giovanni grisostomo, www.fullspot.it, telefon: 041 5226442, geöffnet: täglich 9.00-19.00, boot: ca' d'oro, rialto*

(34) Der Pastaladen **Giacomo Rizzo** existiert schon seit über hundert Jahren. Im Raum hinter dem Geschäft stellen vier Mitarbeiter an vier Pastamaschinen Nudeln her, die dann nur noch trocknen müssen. Die verschiedenen Sorten und Farben sind verführerisch, zum Beispiel locken Tagliatelle mit Zitrone, Basilikum und Artischocken.
*cannaregio 5778, salizada san giovanni grisostomo, www.pastificiorizzo.it, telefon: 041 5222824, geöffnet: mo-sa 8.30-13.00 & 15.30-19.30, mi mittag geschlossen, boot: rialto*

(35) **Coin**, so heißt ein beliebtes italienisches Warenhaus, wo es (fast) alles zu kaufen gibt: Kosmetik, Einrichtungsgegenstände, Haushaltsartikel und (Marken-) Kleidung. Es macht Spaß, hier nach den letzten Mitbringseln für die Lieben zu Hause zu suchen.
*cannaregio 5787, salizada san giovanni grisostomo, www.coin.it, telefon: 041 5203581, geöffnet: mo-sa 9.30-19.30, so 11.00-19.30 (besondere tage), boot: rialto*

# 100% there

⑤ Die **Speziera all'Ercole d'Oro** ist die älteste Apotheke/Drogerie Venedigs, mit schönen holzgeschnitzten Originalschränken. Die Einrichtung versetzt den Besucher zurück in die Vergangenheit, als hier vor drei Jahrhunderten Gewürze aus aller Welt verkauft wurden.
*cannaregio 2233a, strada nova, telefon: 041 720600, geöffnet: mo-fr 9.00-12.30 & 15.00-19.30, sa 9.00-12.45, boot: ca' d'oro*

⑮ Das **Museo Ebraico** erzählt von der Vergangenheit der Juden in Venedig. 1516 hat die Republik beschlossen, dass Juden nur noch in einem eigens zugewiesenen Bereich der Stadt wohnen durften, dem Ghetto Nuovo. Vor allem die Führung zu den drei Synagogen in der Gegend vermittelt einen guten Eindruck davon, wie die jüdische Gemeinschaft in dem Ghetto lebte. Ghetto Nuovo bedeutet auf Venezianisch "neue Metallgießerei". Bevor die Juden hierher geschickt wurden, befand sich dort eine Gießerei.
*cannaregio 2902b, campo del ghetto nuovo, www.museoebraico.it, telefon: 041 715359, geöffnet: mo-fr & so juni-sept. 10.00-19.00, okt.-mai 10.00-17.30 (fr bis sonnenuntergang), führungen mo-fr & so stündlich 10.30-17.30 (okt.-mai bis 16.30), eintritt: 4 €, mit führung 10 €, boot: guglie*

⑱ Der neapolitanische Innenarchitekt und Designer **Pietro Russo** freut sich immer über einen Besuch in seinem Atelier. Schauen Sie also ruhig herein und beobachten Sie den Künstler bei der Arbeit. Seine Werke strahlen eine moderne und luxuriöse Eleganz aus.
*cannaregio 3384, campo dei mori, www.pietrorusso.blogspot.it, telefon: 347 1525044, geöffnet: täglich, wenn der designer anwesend ist, boot: madonna dell'orto*

㉕ Die **Isola San Michele** ist ein einziger großer Friedhof, und zwar der bedeutendste Friedhof Venedigs. Hier sind auch einige Berühmtheiten begraben, zum Beispiel Igor Strawinski, Sergej Diaghilew, Joseph Brodsky und Ezra Pound. Die berühmten Gräber werden regelmäßig von Verehrern besucht. San Michele ist nur mit dem Boot von Fondamenta Nuove aus erreichbar. Die Überfahrt dauert sieben Minuten, die Boote fahren jede halbe Stunde.
*isola di san michele, geöffnet: täglich apr.-sept. 7.30-18.00, okt.-märz 7.30-16.00, boot: cimitero*

## CALLE VARISCO ㉖

㉖ Sollten Sie breiter als 53 Zentimeter sein, dann passen Sie nicht durch die **Calle Varisco**, eine der schmalsten Straßen der Welt. Doch es gibt noch mehr enge Gassen in Venedig: Die Calle Stretta mit 65 Zentimetern und die Calle Di Ca' Zusto mit 68 Zentimetern. Es macht Spaß, durch diese engen Gassen zu gehen, es sei denn, Sie haben Platzangst.
*cannaregio, calle varisco, boot: fondamenta nuove, ca' d'oro, rialto*

# Cannaregio

**SPAZIERGANG 4** (ca. 4,5 km)

Startpunkt ist die Anlegestelle Ca' d'Oro mit dem gleichnamigen Palazzo (1). Gegenüber der Strada Nova können Sie lunchen (2) oder links in der Strada Nova Eis essen (3). Am Campo San Felice gibt es eine Osteria (4). Weiter die Straße entlang ist linkerhand eine alte Apotheke (5). Der Hauptstraße folgen bis sie in die Rio Terà della Maddalena übergeht (6) (7) (8). Für eine Stärkung in die Rio Terà San Leonardo (9) (10) (11) einbiegen. Vor der Brücke rechts abbiegen und über die Fondamenta Cannaregio zum Casa Mattiazzi (12). Ein Stück zurückgehen für ein Mittagessen (13). Biegen Sie dann links ab ins jüdische Viertel und die Sotoportego del Ghetto Vecio (14) entlang bis zum Campo del Ghetto Nuovo (15). Nach der gusseisernen Brücke rechts in die Fondamenta Ormesini abbiegen (16). Biegen Sie links in die C. del Forno ab. An deren Ende über die Brücke und weiter durch die C. Loredan. Nach der ersten Brücke rechts in die Fondamenta Madonna dell'Orto (17). Überqueren Sie die Brücke nach der Kirche und gehen Sie die C. dei Mori bis zum Campo dei Mori (18) (19). Nach der Brücke geht es am Ende der C. Larga nach links (20) (21). Am Ende der Straße die Brücke überqueren, dann sehen Sie die Brücke ohne Geländer (22). Nehmen Sie hier die zweite Brücke um zur C. della Racchetta zu gelangen. Gehen Sie dort links und nach der Brücke wieder rechts. Über den Campo dei Gesuiti (23) kommen Sie zur Fondamenta Nuove, dort rechts abbiegen (24). Nehmen Sie das Boot nach San Michele (25). An Land geht es rechts in die C. dei Buranelli, die in die C. del Fumo übergeht. Am Ende der Gasse rechts in die C. Varisco (26). Zurück zum Campiello Stella und über den Campiello Widmann. Weiter durch die Rio Terà dei Biri, am Ende links abbiegen und zwei Brücken bis zu einer kleinen Kirche (27) überqueren. Dann über die Brücke vor der Kirche und weiter in die C. dei Miracoli. Am Campiello Santa M. Nova biegen Sie rechts ab, um zum Campo M. Nova zu gelangen (28). Auf dem Platz links halten und über die Salizada S. Canzian (29) (30) zum Campiello Flaminio Corner gehen. Über die Brücke geht's zum Shoppen in die Salizada S. G. Grisostomo (31) (32) (33) (34) (35). Zurück zum Campiello Flaminio Corner und dann links zum Campiello R. Selvatico. Über die C. Dolfin (36) erreichen Sie die Brücke zum Campo Santi Apostoli (37). Nehmen Sie die Strada Nova und Sie sind am Ziel.

# 5

Heute kann man nur während der Biennale das Gelände betreten. Die großen Kunst- und Architekturausstellungen sind zwar über die ganze Stadt verteilt, aber im Arsenale und in den dreißig Länderpavillons der Giardini schlägt das Herz der Veranstaltung.

Das andere Gesicht des Viertels zeigt sich vor allem in der Via Garibaldi und um die Giardini Pubblici herum. Hier gibt es kaum Sehenswürdigkeiten, dafür erhält man Einblick in das ganz normale venezianische Alltagsleben. Nachbarn treffen sich zum Plaudern, Kinder toben auf dem Spielplatz herum und Jugendliche bolzen im Park. Hier ist alles bodenständig: die kleinen Läden, das Gemüseboot am Ende der Via Garibaldi und die Gassen, in denen die Wäsche an der Leine hängt.

Wo ist es denn mal richtig still? Auf zur Insel San Pietro! Deren Kirche war bis 1807 die Stadtkathedrale. Hier könnte man fast glauben, man sei der einzige Tourist in Venedig.

# 6 Insider-Tipps

**Alla Mascareta**

Ein großartiges Essen oder ein Glas Wein bestellen.

**Rosa Salva**

Einen guten Kaffee auf der Terrasse trinken.

**Santi Giovanni e Paolo**

Die Kunst in der Kirche bewundern.

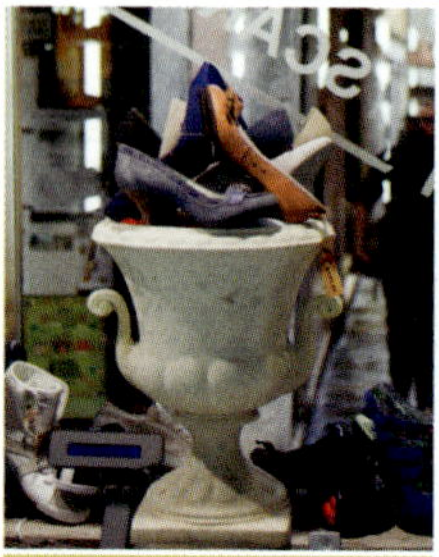

**Metropoli Scarpe**

Markenschuhe im Outlet erstehen.

**Muranero**

Ausgefallenen Glasschmuck kaufen.

**Palazzo Querini Stampalia**

Kunst oder Musik im Museum genießen.

- **Sehenswürdigkeiten**
- **Shoppen**
- **Essen & Trinken**
- **100% there**

# Sehenswürdigkeiten

(1) Die berühmte **Ponte dei Sospiri** (Seufzerbrücke) verbindet den Dogenpalast mit den alten Gefängnissen. Es heißt, die Brücke verdanke ihren Namen dem letzten Seufzer, den die Gefangenen auf ihrem Weg in den Knast in der freien Welt ausstießen. Über den Palast kann man die überdachte Brücke (siehe Spaziergang 1) erreichen oder von der Ponte della Paglia einen Blick darauf werfen.
*castello, boot san zaccaria*

(3) Wie still es hier sein kann, nur eine Straße von der Riva degli Schiavoni entfernt! Der kleine Platz an der Kirche **San Zaccaria** ist traumhaft und im Kircheninneren hängen riesige Gemälde alter Meister. Höhepunkt ist zweifelsohne die friedvolle Madonna mit Kind aus dem Jahr 1505 von Giovanni Bellini. Typisch italienisch: Das Gemälde wird beleuchtet, sobald eine passende Münze ins Kästchen fällt.
*castello, campo san zaccaria, geöffnet: mo-sa 10.00-12.00 & 16.00-18.00, so 16.00-18.00, eintritt: frei, boot: san zaccaria*

(14) Die gotische Kirche **Santi Giovanni e Paolo** heißt im Volksmund San Zanipolo. Sie gehört zu den größten Kirchen der Stadt und wurde im 14. und 15. Jahrhundert von Dominikanern erbaut. Man nennt sie auch das "Pantheon von Venedig", denn dort liegen 25 Dogen begraben. Außer Gräbern gibt es noch Kunst von Veronese, Tiepolo und Bellini zu entdecken. Die schaurigste Reliquie dieser Kirche: der linke Fuß der heiligen Katharina.
*castello 6363, campo santi giovanni e paolo, www.basilicasantigiovanniepaolo.it, geöffnet: mo-sa 9.00-18.00, so 12.00-18.00, eintritt: 2,50 €, boot: ospedale*

(19) Die **Scuola di San Giorgio** degli Schiavoni beherbergt ein kleines Museum mit beeindruckenden Gemälden von Vittore Carpaccio. *Schiavoni* bedeutet "Slawen": Die *scuola* war eine Bruderschaft slawischer Händler, die sich im 15. Jahrhundert in Venedig niederließen.
*castello 3259a, calle dei furlani, telefon: 041 5228828, geöffnet: mo 14.45-18.00, di-sa 9.15-13.00 & 14.45-18.00, so 9.15-13.00, eintritt: 5 €, boot: san zaccaria, arsenale*

(26) Jahrhundertelang war das **Arsenale** das Zentrum der majestätischen Seemacht Venedig und die größte Schiffswerft der Welt. Hier wurden Kriegs- und Handelsschiffe gebaut, hier lag auch der *bucintoro*, das Zeremonieschiff der Dogen. Heute ist es kaum mehr vorstellbar, was für ein Betrieb vor dem Eingang geherrscht haben muss: Im 16. Jahrhundert waren hier über 16.000 Arbeiter beschäftigt. Mittlerweile ist das Gelände leider für das Publikum geschlossen. Nur während der Biennale sind einige der Gebäude als Ausstellungsräume eingerichtet und der Blick ins Innere wird gewährt.
*castello, arsenale, boot: arsenale*

(34) Nicht viele wissen, dass die Kirche **San Pietro di Castello** ursprünglich die Kathedrale von Venedig war, bis sie 1807 von der Basilica di San Marco abgelöst wurde. Die Insel San Pietro, auf der die Kirche steht, war daher auch als eine der ersten Inseln bewohnt. Die Kirche stammt wahrscheinlich aus dem 7. Jahrhundert und hat im Laufe der Zeit zahlreiche Umbaumaßnahmen erdulden müssen. Der frei stehende weiße Campanile (Turm) wurde zwischen 1482 und 1488 errichtet.
*castello, campo san pietro, geöffnet: mo-sa 10.00-17.00, eintritt: 3 €, boot: san pietro*

PONTE DEI SOSPIRI ①

# Essen & Trinken

(2) **All'Aciugheta** liegt in einer der Touristenstraßen von Castello. Ob Frühstück, Mittagessen, Snack, Abendmenü oder Pizza - hier gibt es zu jeder Tageszeit eine Top-Verpflegung. Die Speisen und Weine sind gut, die Auswahl ist groß. Und für jeden Geschmack gibt es ein Plätzchen: draußen eine große Terrasse, drinnen einen modernen, schlichten Restaurantbereich mit Loungemusik und einen alten, traditionellen Bereich ohne Musik.
*castello 4357, campo santi filippo e giacomo, telefon: 041 5224292, geöffnet: täglich 9.00-0.00, preis: 35 €, pizza 10 €, boot: san zaccaria*

(9) **Al Mascaron** ist eine klassische Osteria mit netter Atmosphäre und guter Küche. Hier wird Venezianisch gegessen, und so stehen auch überwiegend Fischgerichte auf der Karte. Zum Beispiel *spaghetti alle seppie in nero* (Spaghetti mit Tintenfisch und schwarzer Sauce) und *spaghetti allo scoglio* (Spaghetti mit Muscheln, Schalentieren und Garnelen).
*castello 5225, calle lunga santa maria formosa, www.osteriamascaron.it, telefon: 041 5225995, geöffnet: mo-sa 12.00-15.00 & 19.00-23.00, preis: 40 €, boot: san zaccaria, rialto*

(10) Mit dem **Alla Mascareta** hat sich Mauro Lorenzon, echter Wein- und Champagnerkenner sowie Fan von Slowfood und Bioprodukten, den Traum vom eigenen Lokal erfüllt. Zu den hervorragenden Weinen an der Bar bestellt man am besten einen Teller mit verschiedenen Käse- und Fleischsorten. Oder doch lieber ein komplettes Menü im Restaurant probieren? Mauro und sein Personal stehen gerne freundlich-beratend zur Seite.
*castello 5183, calle lunga santa maria formosa, telefon: 041 5230744, geöffnet: mo-di & fr-so 19.00-2.00, preis: 40 €, cicchetti 18 €, boot: san zaccaria, rialto*

(13) Die Bar-Pasticceria **Rosa Salva** an der Kirche Santi Giovanni e Paolo ist bekannt für guten Kaffee, köstliche Backwaren und besonders leckere Tramezzini. Drinnen steht man an der Theke im kleinen Barbereich, draußen auf dem Platz sitzt man gemütlich mit Blick auf die Kirche. Unbedingt probieren: das hausgemachte Eis.
*castello 6779, campo santi giovanni e paolo, www.rosasalva.it, telefon: 041 5227949, geöffnet: täglich 7.30-20.30, preis: espresso 1 €, boot: ospedale*

## AL MASCARON ⑨

## ㉓ AL COVO

(16) Manchmal sind die Venezianer in der **Ostaria al Ponte** etwas laut, aber das ist ja gerade das Schöne an Italien. Die kleine Bar empfiehlt sich vor allem dann, wenn man Appetit auf ein Brötchen, Crostini oder Cicchetti hat. Bauarbeiter und Handwerker, aber auch Herren im Anzug trinken hier ihren Wein oder essen mittags eine Kleinigkeit.
*cannaregio 6369, calle della testa, www.ostariaalponte.com, telefon: 041 5286157, geöffnet: täglich 9.00-0.00, preis: cicchetti 2 €, boot: fondamenta nuove, ospedale*

(17) **Alle Bandierette** ist eine dieser einfachen Trattorien, die vor allem sonntags gerne von Oma & Opa, Mama & Papa inklusive zahlreicher Bambini besucht werden. Die grelle Beleuchtung und die Papiertischdecken sind vielleicht nicht besonders romantisch, aber das Essen ist gut und bezahlbar. Auf der Karte stehen hauptsächlich Fischgerichte, wie *fritto misto* (frittierte Fische und Meeresfrüchte) oder *capesante* (Jakobsmuscheln).
*castello 6671, barbaria delle tole, telefon: 041 5220619, geöffnet: mo 12.00-14.00, mi-so 12.00-14.00 & 19.00-22.00, preis: 30 €, boot: ospedale*

(23) Das Slowfood-Restaurant **Al Covo** von Diane und Cesare ist ein Geheimtipp, wenn es um die Qualität der Speisen geht. Der frische Fisch kommt aus der Lagune und der Adria, Gemüse und Obst von der Insel Sant'Erasmo und die frische Pasta, die Desserts und die in Essig und Öl eingelegten Produkte sind alle hausgemacht. Auf der Weinkarte stehen hauptsächlich Bioweine. Ein regionales Festmahl für Feinschmecker.
*castello 3968, campiello della pescaria, www.ristorantealcovo.com, telefon: 041 5223812, geöffnet: mo-di & fr-so 12.45-14.00 & 19.30-22.00, preis: 55 €, boot: arsenale*

(24) Die Trattoria **Corte Sconta**, eines der besseren, aber auch teureren Restaurants der Stadt, befindet sich in einer Gasse in der Nähe des Arsenale. Es wird hauptsächlich Fisch serviert, häufig mit origineller Note, wie Venusmuscheln mit frischem Ingwer. Im Sommer sitzt man ganz romantisch im schönen Innenhof unter einem grünen Dach aus Weinreben.
*castello 3886, calle del pestrin, telefon: 041 5227024, geöffnet: di-sa 11.00-16.00 & 19.00-0.00, preis: 60 €, boot: arsenale*

(27) **Il Pinguino** ist – wie könnte es anders sein – der Name einer empfehlenswerten Eisdiele in fantastischer Lage. Fern aller Hektik sitzt man hier am Ufer, mit einem riesigen Eis in der Hand und genießt die Aussicht auf die Lagune. So lässt es sich aushalten! Nicht verpassen: Die Spezialität "Mamma Mia" sollte man unbedingt einmal probiert haben.
*castello 2141, riva san biagio, telefon: 041 2411395, geöffnet: täglich 11.00-23.00, preis: kugel 1,50 €, boot: arsenale*

(28) In der **Osteria al Garanghèlo** wird mit viel Liebe und hervorragenden Zutaten wie frischem Fisch vom Rialtomarkt venezianisch gekocht. Spezialitäten sind *sarde in saor* (saure Sardinen), Lasagne mit Jakobsmuscheln und Tiramisù. Al Garanghèlo ist zwar eigentlich ein Restaurant, aber man kann auch ein Glas Wein mit Cicchetti bestellen.
*castello 1621, via garibaldi, www.garanghelo.com, telefon: 041 5204967, geöffnet: mo & mi-so 11.30-15.30 & 17.30-22.30, preis: 40 €, boot: arsenale, giardini*

(30) Das **Ristorante Giorgione** ist wegen seiner authentischen Küche bei den Venezianern äußerst beliebt. Hier bestellen italienische Familien einen Gang nach dem anderen und es werden die leckersten Fischgerichte aufgetischt. Abends schmettert der Besitzer Lucio Bisutto italienische und venezianische Lieder aus den Fünfzigern und Sechzigern. Auf der Terrasse an der Via Garibaldi herrscht pures Italien-Feeling.
*castello 1533, via garibaldi, www.ristorantegiorgione.it, telefon: 041 5228727, geöffnet: täglich 12.00-16.00 & 18.00-0.00, preis: 40 €, boot: arsenale, giardini*

(33) Die Terrasse von **In Paradiso** bietet einen umwerfenden Blick über die Lagune. Drinnen können Sie bei einem Drink die ausgestellte Kunst bewundern. Auch während der Biennale ist die Bar mit Galerie die passende Adresse für Kunstfreunde, denn das In Paradiso liegt mitten in den Giardini.
*castello 1260, giardini della biennale, www.inparadiso.net, telefon: 041 2413972, geöffnet: täglich 10.00-18.00, zur biennale 9.00-23.00, boot: giardini*

AL COVO ㉓

# Shoppen

(4) **MEE** ist ein Shop mit raffinierten, schönen und stilvollen Designartikeln, von denen viele aus Glas und Porzellan gefertigt sind. Manches ist vielleicht Geschmackssache, aber originell und außergewöhnlich sind die Gläser, Schränke und Geschenkartikel allemal.
*castello 4683d, campo san zaccaria, www.meevenezia.com, telefon: 041 5235565, geöffnet: täglich 10.00-20.00, boot: san zaccaria*

(5) Liebhaber alter Fundstücke sollten sich **Anticlea** nicht entgehen lassen. Neben alten und neuen Muranoglasperlen werden auch Ohrringe, Ketten, Taschen, alte Drucke, Gläser und Vasen verkauft.
*castello 4719a, calle san provolo, telefon: 041 5286946, geöffnet: mo-sa 10.00-19.00, boot: san zaccaria*

(6) Schuhfreaks können ihr Glück bei **Metropoli Scarpe** kaum fassen, denn in diesem Outlet gibt es bekannte Marken für wenig Geld. Meistens sind es Modelle der letzten Saison, aber die sind ja nicht weniger schön. Pumps, Sneakers, Sandalen – hier kann man ohne Reue zugreifen.
*castello 4946, ruga giuffa, telefon: 041 5235588, geöffnet: täglich 9.30-19.30, boot: san zaccaria*

(7) **Misterio a Venezia** verkauft Schmuck, Lampen, Schals, Buddhas und Kleinmöbel aus Fernost. Die Gegenstände haben alle eine Bedeutung: Sie schenken Glück, Aufmunterung oder Inspiration. Der Inhaber erzählt Ihnen gerne mehr über die Philosophie seiner schönen Dinge.
*castello 4925, ruga giuffa, telefon: 041 2411405, geöffnet: täglich 9.30-12.30 & 15.30-19.30, boot: san zaccaria*

(11) Bei **Acqua Alta** stapeln sich hauptsächlich aussortierte und gebrauchte Bücher, aber auch Drucke und Karten von Venedig. Inmitten des großen, chaotischen Ladens steht eine Gondel voll mit Büchern, an anderer Stelle dienen Badewannen als Aufbewahrungsort für die vielen Schmöker. Hier kann man in aller Ruhe durch die Fundstücke blättern.
*castello 5176b, calle lunga santa maria formosa, telefon: 041 2960841, geöffnet: täglich 9.00-20.00, boot: san zaccaria, rialto*

METROPOLI SCARPE ⑥

⑫ Entdecken Sie bei **Papier Maché**, wie Masken hergestellt werden. Irgendwer in diesem Laden bastelt nämlich immer an etwas herum. Masken aus Pappmaché werden in vielen verschiedenen Modellen angeboten.
*castello 5174b, calle lunga santa maria formosa, www.papiermache.it, telefon: 041 5229995, geöffnet: täglich 9.00-19.30, boot: san zaccaria, rialto*

⑱ Die frische Pasta von **Serenissima** ist bei den Venezianern sehr gefragt. Vor allem die gefüllten Sorten wie Ravioli mit Artischocke und Tortellini mit Kürbis sind wahre Delikatessen. Ein schönes und wohlschmeckendes Mitbringsel für zu Hause ist die getrocknete Pasta.
*castello 3455, salizada dei greci, telefon: 041 5227434, geöffnet: mo-di & do-fr 8.00-13.00 & 17.00-19.30, mi 8.00-13.00, sa 8.00-13.00 & 16.00-19.00, boot: san zaccaria, arsenale*

④ **MEE**

⑳ Im **Banco Lotto N° 10** sind exklusive Kleider, Jacken und Accessoires erhältlich, die von Gefängnisinsassen auf der Insel Giudecca südlich von Venedig hergestellt werden. Auf Wunsch fertigt man auch historische Kostüme und Karnevalskostüme nach Maß. Der außergewöhnliche Name des Ladens hat nichts mit Banküberfällen zu tun, sondern mit den Lotterielosen, die man früher hier verkaufte.
*castello 3478a, salizada sant'antonin, telefon: 041 5221439, geöffnet: mo 15.30-19.30, di-sa 10.00-13.00 & 15.30-19.30, boot: arsenale*

(21) Der Name **Muranero** ist ein Mix aus *Murano* (die Glasinsel) und *nero* (schwarz). Der Senegalese Niang Moulaye lebt in Italien und hat auf Murano das Glasbläserhandwerk erlernt. Mit viel Leidenschaft verbindet er afrikanische Fantasie mit Muranoglas. In seinem Laden mit angeschlossener Werkstatt zaubert er unter den Augen der Besucher ausgefallene Schmuckstücke.
*castello 3545, salizada del pignater, www.muranero.venezia.it, telefon: 338 4503099, geöffnet: täglich 9.00-13.00 & 15.00-20.00, boot: arsenale*

(22) **Vino e ... Vini** hat neben echtem Qualitätswein auch eine Auswahl an sehr gutem Grappa und Champagner im Angebot sowie verschiedene Sorten Balsamico und Schokolade. Ein Tipp für Genießer!
*castello 3566, salizada del pignater, telefon: 041 5210184, geöffnet: mo-sa 9.30-13.00 & 17.30-20.00, boot: arsenale*

(25) **Le Ceramiche** ist ein Werkstattladen, in dem Alessandro Merlin moderne (Espresso-) Tassen, Untertassen, Fliesen und Schalen mit originellem Design fertigt. Farblich herrschen Schwarz und Weiß vor, als Motive wurden oft Menschen oder Lagunenansichten künstlerisch interpretiert.
*castello 3876, calle del pestrin, telefon: 041 5225895, geöffnet: mo-di & fr-so 10.00-12.00 & 15.00-19.00, boot: arsenale*

(29) Im Tante-Emma-Laden **Bianchi** türmen sich in der Kühlvitrine die leckersten Käse: pure Versuchung. Neben italienischen Sorten wie Taleggio und Parmesan gibt es auch Käse aus anderen Ländern in Top-Qualität.
*castello 1561, via garibaldi, telefon: 041 5221156, geöffnet: mo-sa 7.30-13.00 & 16.30-19.30, boot: arsenale, giardini*

(31) **Le Spighe** verkauft biologische, vegetarische und vegane Produkte wie Pasta, Brot und Delikatessen. Die getrocknete Pasta ist in verschiedenen Naturfarben erhältlich, alles ist handgemacht. Die Farbe stammt beispielsweise von Karotten oder Spinat. An den wenigen Tischen kann man auch einen gesunden Snack vor Ort kosten.
*castello 1341, via garibaldi, telefon: 041 5238173, geöffnet: mo-sa 9.30-13.30 & 17.30-19.30, boot: arsenale, giardini*

## ⑧ PALAZZO QUERINI STAMPALIA

# 100% there

⑧ Der **Palazzo Querini Stampalia** aus dem 16. Jahrhundert beherbergt ein Museum sowie eine alte Bibliothek. Der letzte Nachkomme der Familie Querini, Graf Giovanni, vererbte den Palazzo in der zweiten Hälfte des 19. Jahrhunderts einer Stiftung - mit der Auflage, die Bibliothek solle bis Mitternacht geöffnet bleiben. Sie können die Bibliothek also besuchen. Im Museum hängt ein sehenswerter Bellini und regelmäßig finden Ausstellungen mit moderner Kunst statt. Samstags um 17.00 Uhr erklingt im Rahmen eines kleinen Konzerts klassische Musik in den alten Gemäuern.
*castello 5252, campo santa maria formosa, www.querinistampalia.it, telefon: 041 2711411, geöffnet: bibliothek di-sa 10.00-0.00, so 10.00-19.00, museum di-so 10.00-18.00, eintritt: bibliothek frei, museum 10 €, boot: san zaccaria, rialto*

⑮ Die reich verzierte Renaissancefassade des Hauptportals des Krankenhauses **Ospedale Civile** war früher der Eingang zu einer der bedeutendsten religiösen Bruderschaften der Stadt: der Scuola Grande di San Marco. Schlendern Sie einfach durch die Flure und Hallen und zum Innenhof, um einen Eindruck von diesem für unsere Vorstellungen ungewöhnlichen Krankenhaus zu bekommen. Sogar eine Krankenhausbar gibt es hier.
*castello 6777, campo santi giovanni e paolo, geöffnet: mo-fr 8.30-14.00, boot: ospedale*

㉜ Napoleon ließ zu Beginn des 19. Jahrhunderts die **Giardini Pubblici** anlegen, den Stadtpark von Venedig. Die Einwohner nutzen ihn gerne, wie an den kahlen Stellen im Gras zu erkennen ist. Unter den schattenspendenden Bäumen ist es angenehm kühl. Hier stehen auch die festen Länderpavillons der Biennale.
*castello, giardini pubblici, geöffnet: sommer 6.30-22.30, ansonsten 6.30-20.00, eintritt: frei, boot: giardini*

# Castello & Giardini

**SPAZIERGANG 5** (ca. 5,5 km)

Start ist die Anlegestelle San Zaccaria (Riva degli Schiavoni). Von der Ponte della Paglia aus ist links die Seufzerbrücke zu sehen (1). Gehen Sie in die Calle delle Rasse. Auf dem Campo Santi Filippo e Giacomo ist das All'Aciugheta (2). Biegen Sie in die Salizada S. Provolo ein, am Ende rechts liegen an einem kleinen Platz die Kirche San Zaccaria (3) und ein Designladen (4). Gehen Sie ein Stückchen zurück. Über den Campo S. Provolo (5) geht es links über die Ponte dei Carmini zur Sotoportego e Corte Rota. Etwas weiter in der Ruga Giuffa gibt es hübsche Läden. (6) (7). Die Straße führt Sie zum Campo Santa M. Formosa (8). Auf der Mitte des Platzes biegen Sie rechts in die C. Lunga Santa M. Formosa ein (9) (10) (11) (12). Fast am Ende biegen Sie vorher in die enge Gasse C. Pinelli ein, gegenüber der Alla Mascareta. Überqueren Sie die Brücke und biegen Sie am Ende der Fondamenta dei Felzi rechts ab, um zum Campo Santi Giovanni e Paolo zu gelangen (13) (14) (15) (16). Vom Platz aus geht es erst in die Salizada S. Zanipolo, dann in die Barbaria delle Tole (17). Bei Nummer 6468 rechts in die C. Muazzo einbiegen. Spazieren Sie über die Ramo Cappello, Ponte Cappello und Calle Cappello zur C. S. Lorenzo. Am Ende links abbiegen in die Fondamenta S. Lorenzo. Nehmen Sie dort die dritte Brücke (Ponte dei Greci). Über die C. della Madonna und Salizada dei Greci (18) gelangen Sie zur Fondamenta dei Furlani. Nach der Brücke ist am Ende links die Scuola di San Giorgio (19). Zurückgehen in die Salizada Sant'Antonin (20). Am Ende links in der Salizada del Pignater gibt es ausgefallene Läden (21) (22). Rechts herum gelangt man zum Campo Bandiera e Moro. Gehen Sie vom Platz aus in die erste Gasse links, C. Crosera. Etwas weiter, auf dem Campiello della Pescaria, ist das Al Covo (23). Ein weiteres gutes Restaurant (24) ist in der Calle del Pestrin. Setzen Sie den Spaziergang fort (25). Überqueren Sie die Brücke und gehen Sie am Wasser entlang zum Arsenale (26). Über die große Holzbrücke und am Kai entlang gelangt man zur Riva S. Biagio. Hier links abbiegen für ein Eis (27) mit herrlicher Aussicht. Hinter der Brücke biegen Sie gleich links in die Via Garibaldi ein (28) (29) (30) (31) oder rechts zum Park (32) (33). Oder Sie gehen die Via Garibaldi bis zum Ende. Über die Fondamenta Sant'Anna und die lange Brücke kommen Sie zur kleinen Insel San Pietro (34).

6

nämlich im 10. Jahrhundert, nahm die Bevölkerung allmählich ab. Die aufstrebende Stadt Venedig zog die Inselbewohner an und der Ausbruch mehrerer Malaria-Epidemien tat sein Übriges. Zurückgeblieben sind die berühmte Basilika, die Kirche Santa Fosca und eine Handvoll Einwohner.

Murano ist die berühmte Glasbläserinsel. Wegen der Brandgefahr wurden die Öfen und Glasbläser 1291 von Venedig nach Murano umgesiedelt. Das Muranoglas wurde so berühmt, dass die Bläser die Insel nicht verlassen durften, da man fürchtete, sie würden das Geheimnis der Herstellung verraten. Wer trotzdem ging, durfte nie mehr wiederkommen. Heute ist das Glas meist nicht mehr so exklusiv. In den billigeren Touristenläden verdeutlicht ein Aufkleber, ob der Artikel auf Murano hergestellt wurde oder im Ausland. Die Glasbläserei liegt den Einwohnern aber noch immer im Blut, und das Fachwissen wird über Generationen in einer Familie weitergegeben. Große Namen wie Venini, Barovier & Toso, Seguso, Salviati und Carlo Moretti haben Werkstätten und Ausstellungsräume auf der Insel.

# 6 Insider-Tipps

**Basilica di Santa Maria Assunta**

Die jahrhundertealten Mosaiken in der Basilika bewundern.

**Manin 56 und Elle Elle**

Ein hübsches Glassouvenir aussuchen.

**Gino Mazzuccato und CAM Vetri d'Arte**

Glasbläsern bei der Arbeit zusehen.

**Davide Penso**

Ein ausgefallenes Schmuckstück beim Designer kaufen.

**Casa Bepi Suà**

Das kunterbunte Haus bestaunen.

**Riva Rosa**

Ein herrliches Mittagessen im Familienrestaurant genießen.

- **Sehenswürdigkeiten**
- **Shoppen**
- **Essen & Trinken**
- **100% there**

# Sehenswürdigkeiten

(8) In dem Gebäude, das früher die Klöppelschule beherbergte, befindet sich heute das Spitzenmuseum von Burano, das **Museo del Merletto**. Wollen Sie wissen, wie so ein fragiles Kunstwerk aus wertvoller Spitze zustande kommt? Im Museum wird gezeigt, wie das Klöppeln geht. Vielleicht ein neues Hobby für den Winter?
*burano, piazza galuppi 187, www.visitmuve.it, telefon: 041 730034, geöffnet: di-so apr.-okt. 10.00-18.00, nov.-märz 10.00-17.00, eintritt: 5 €, boot: burano*

(9) **San Martino** ist die ziemlich nüchtern wirkende Kirche von Burano aus dem 16. Jahrhundert. Doch der schiefe Turm hat durchaus Charakter, und im Inneren hängt tatsächlich ein Prachtstück: die *Crocifissione* (Kreuzigung) von Tiepolo. Man kennt es schon: einen Euro ins Kästchen und das Licht geht an.
*burano, piazza galuppi, geöffnet: mo-sa 8.00-12.00 & 15.00-19.00, eintritt: frei, boot: burano*

(11) Die **Basilica di Santa Maria Assunta** auf Torcello ist eine der ältesten Kathedralen der Lagune und stammt aus dem 7. Jahrhundert. Seitdem wurden zahlreiche Änderungen vorgenommen, doch die heutige Form ist in der Tat noch ein Werk aus dem Jahr 1008. Im Inneren gibt es fantastische byzantinische Mosaiken zu bestaunen, Höhepunkt ist die *Madonna con Bambino* (Madonna mit Kind).
*torcello, piazza di torcello, telefon: 041 2702464, geöffnet: täglich märz-okt. 10.30-18.00, nov.-febr. 10.00-17.00, eintritt: 5 €, boot: torcello*

(12) **Attilas Thron** auf der Piazza di Torcello erinnert an das 4. und 5. Jahrhundert, als das venezianische Gebiet von den Hunnen bedroht wurde, eines jener barbarischen Völker, die über die Serenissima (die venezianische Republik) herfielen. Wahrscheinlich hat Attila, der Hunnenkönig, niemals selbst auf diesem Thron aus Marmor gesessen. Vielmehr haben ihn Richter bei öffentlichen Verhandlungen benutzt.
*torcello, piazza di torcello, boot: torcello*

(14) Über die **Ponte del Diavolo**, die Teufelsbrücke, gibt es eine Legende: Während der österreichischen Besatzung verliebte sich ein venezianisches Mädchen in einen österreichischen Soldaten. Ihre Familie war damit nicht einverstanden und ließ ihn kurzerhand ermorden. Daraufhin stürzte das Mädchen in eine solch große Verzweiflung, dass es einen Pakt mit dem Teufel schloss: Der junge Mann sollte im Tausch gegen sieben Kinderseelen wieder lebendig werden. Das Mädchen überquerte die Brücke, traf dort ihren Geliebten und gemeinsam flüchteten sie. Seit jenem Tag erscheint der Teufel jeden Tag auf der Brücke und wartet auf die sieben Kinderseelen.
*torcello, ponte del diavolo, boot: torcello*

(19) Die Kirche **San Pietro Martire** ist eine der vier Kirchen, die noch heute auf Murano erhalten sind. Früher waren es einmal siebzehn, doch während der napoleonischen Besatzungszeit wurden viele Kirchen auf Murano und in Venedig geplündert und sind anschließend verfallen. San Pietro Martire ist vor allem wegen des prachtvollen Gemäldes von Bellini einen Besuch wert. Ein kleines Museum mit Prozessionsgegenständen gehört auch zur Kirche.
*murano, fondamenta dei vetrai, geöffnet: mo-sa 9.00-12.00 & 15.00-18.00, so 15.00-18.00, eintritt: frei, boot: faro, colonna*

(24) Im **Museo del Vetro** auf Murano erfährt man alles über die Glasbläserei. Antikes und modernes Glas gibt es hier zu bestaunen, darunter richtige Prachtstücke. Das Museum befindet sich in einem schönen Palazzo mit Marmorböden und riesigen Kronleuchtern.
*murano, fondamenta giustinian 8, www.visitmuve.it, telefon: 041 739586, geöffnet: täglich apr.-okt. 10.00-18.00, nov.-märz 10.00-17.00, eintritt: 8 €, boot: museo*

(25) Auf Murano gehört die **Basilica dei Santi Maria e Donato** zum Pflichtprogramm. Sie ist eine der ältesten und schönsten Kirchen der Lagune. Der Eingang ist schlicht, die Apsis an der Wasserseite aber überraschend schön. Im Inneren liegt einem ein Mosaikboden mit geometrischen Formen, exotischen Vögeln und mythischen Figuren zu Füßen. Größter Blickfang ist das goldene byzantinische Mosaik der Heiligen Jungfrau.
*murano, campo san donato, geöffnet: mo-sa 9.00-12.00 & 15.30-19.00, so 15.30-19.00, eintritt: frei, boot: museo*

## BASILICA DI SANTA MARIA ASSUNTA ⑪

# Essen & Trinken

③ Klassisch venezianisch und buranisch wird in der Enoteca **Riva Rosa** gegessen. Weil der gastfreundlichen Familie auch der etwas weiter gelegene Spitzenladen Emilia gehört, werden an den Wänden des Restaurants alte, gerahmte Spitzenkunstwerke ausgestellt. Draußen am Kanal hat man eine schöne Aussicht auf die bunten Häuser von Burano. Wie wäre es mit einem Wein und gegrilltem Fisch?
*burano, via san mauro 296, www.rivarosa.it, telefon: 041 730850, geöffnet: mo-di & do-so 12.00-16.00, preis: 50 €, boot: burano*

⑥ Die Wände in der **Trattoria Da Romano** hängen voller Gemälde, alles Geschenke von bekannten und weniger bekannten Künstlern. Die Trattoria der Familie Barbaro war im 20. Jahrhundert nämlich ein beliebter Treffpunkt für Künstler, Schauspieler, Dichter, Schriftsteller und Sänger. Illustre Gäste wie Charles Chaplin, Maria Callas, Danny Kay, Matisse, Mirò und Ernest Hemingway gingen hier ein und aus. An den schön gedeckten Tischen werden köstliche Fischgerichte serviert. Die Terrasse mit der grünen Markise liegt am zentralen Platz von Burano.
*burano, via galuppi 221, www.daromano.it, telefon: 041 730030, geöffnet: mo & mi-sa 12.00-15.00 & 18.00-20.00, so 10.00-15.00, preis: 50 €, boot: burano*

⑩ Die **Trattoria al Gatto Nero** (Zur schwarzen Katze) ist zweifelsohne einer der kulinarischen Höhepunke auf Burano. Hier treffen sich die Inselbewohner zum Essen, daher ist es fast immer voll. Die Spezialität ist Fisch, aber selbst wenn Sie kein großer Fischfreund sind, gibt es noch genügend Auswahl. Chefkoch Ruggero Bovo kocht typisch venezianische Gerichte aus regionalen Produkten. Ein echter Tipp ist zum Beispiel das Risotto Buranello. Lassen Sie aber noch etwas Platz für die himmlischen Desserts. Die kleine Terrasse am Wasser ist für ein Mittagessen einfach phänomenal. Am besten rechtzeitig einen Tisch reservieren.
*burano, fondamenta della giudecca 88, www.gattonero.com, telefon: 041 730120, geöffnet: di-so 12.00-15.00 & 19.30-23.00, preis: 45 €, boot: burano*

TRATTORIA DA ROMANO (6)

## ⑥ TRATTORIA DA ROMANO

⑬ Das Hotel-Restaurant **Locanda Cipriani** auf Torcello ist schon seit 1935 ein Gourmettempel und gehört der Familie Cipriani. Es wurde zur literarischen Legende, als Ernest Hemingway hier *Über den Fluss und in die Wälder* schrieb. Mehrere Seiten sind Torcello gewidmet. Locanda Cipriani wird seitdem regelmäßig von Künstlern, Berühmtheiten und Royals besucht. Marc Chagall, Kim Novak, Max Ernst, Lady Di, Queen Elizabeth und die niederländische Königin Beatrix speisten hier. Im Garten zu sitzen und sich kulinarisch verwöhnen zu lassen, ist einfach herrlich, doch auch sehr kostspielig. Für Übernachtungsgäste gibt es ein paar Zimmer im ersten Stock. Erwarten Sie keinen übermäßigen Luxus. Hotel und Restaurant sind einfach eingerichtet.
*torcello, piazza santa fosca 29, www.locandacipriani.it, telefon: 041 730150, geöffnet: mo & mi-do & so 11.45-17.30, fr-sa 11.45-21.00, preis: 80 €, zimmer ab 110 €, boot: torcello*

⑱ Das **Busa alla Torre** ist wegen des leckeren Essens und des freundlichen Inhabers Lele sehr beliebt. Die Osteria ist hübsch gelegen, gegenüber der Kirche von Murano. Als Vorspeise sollte man die verschiedenen Cicchetti probieren. So bekommt man gleich einen guten Eindruck davon, was das Restaurant sonst noch zu bieten hat. Ein Dessert muss auf jeden Fall drin sein. Besonders das Tiramisù ist unverschämt gut.
*murano, campo santo stefano 3, telefon: 041 739662, geöffnet: täglich 12.00-15.00, preis: 45 €, boot: faro, colonna*

⑳ Die **Bar-Gelateria Al Ponte** ist der zentrale Treffpunkt der Murano-Bewohner. Neben der Brücke gelegen, eignet sich die Bar ganz hervorragend für einen Zwischenstopp – mit Kaffee, Aperitif, Eis oder einem belegten Brot.
*murano, riva longa 1c, telefon: 041 736278, geöffnet: täglich 9.00-17.00, preis: kugel 1,50 €, boot: venier, museo*

⑳ BAR GELATERIA AL PONTE

㉑ Wenn das Wetter nicht mitspielt, können Sie bei **Ai Pianta Leoni** auch drinnen an den Holztischen gemütlich essen. Bei schönem Wetter aber ist die große Terrasse am Canal Grande unschlagbar. Das Essen ist klassisch venezianisch mit modernem Touch. Probieren Sie doch einmal das Carpaccio vom Thunfisch mit Auberginen oder Polenta mit geschmolzenem Käse und Pilzen.
*murano, riva longa 25, telefon: 041 736794, geöffnet: di-so 8.00-17.30, preis: 40 €, boot: museo*

㉖ Im **Ai Bisatei** tauchen selten Touristen auf. Diese sehr einfache Osteria liegt nämlich abseits der touristischen Pfade auf Murano. Hier finden sich hauptsächlich Arbeiter aus den Glasmanufakturen und Fischer ein, um sich bei einem deftigen und günstigen Mittagessen eine Verschnaufpause zu gönnen. An der Bar gibt es ein Glas Hauswein oder Prosecco mit Cicchetti. Sehr empfehlenswert sind der *baccalà mantecato* (Stockfischmus) und der frittierte Fisch.
*murano, campo san bernardo 6, telefon: 041 739528, geöffnet: täglich 12.00-14.00, preis: 20 €, boot: venier, museo*

㉗ Auf der Terrasse von **Ai Frati** am Canal Grande von Murano kann man prima zu Mittag essen. Auf der Karte stehen hauptsächlich traditionelle Fischgerichte, doch auch ein paar Fleischgerichte. Dazu die Aussicht auf einen der schönsten Palazzi der Insel, den Palazzo da Mula – traumhaft.
*murano, fondamenta sebastiano venier 4, telefon: 041 736694, geöffnet: mo-mi & fr-so 12.00-15.00, preis: 40 €, boot: venier, museo*

# Shoppen

(1) Burano ist mit den vielen kunterbunten Häuschen eine wunderschöne Insel. Giuliano Carraro lässt sich von der Umgebung inspirieren und zaubert reizende Aquarelle und Glasmosaiken. Seine Tochter verkauft die kleinen Bilder im Geschäft **La Buranella**.
*burano, via san mauro 383, telefon: 347 5101526, geöffnet: täglich, sommer 9.00-18.00, winter 10.00-17.00, boot: burano*

(2) **Martina Vidal** ist ein großer Spitzenladen auf Burano. Neben Bettwäsche, Gardinen, Tischdecken, Babykleidung, Kleidchen und Tops gibt es hier auch alte, traditionelle Spitze. Ein schönes Souvenir für die Daheimgebliebenen ist ganz bestimmt unter den stilvollen Kostbarkeiten ausfindig zu machen.
*burano, via san mauro 307/308/309/337, www.martinavidal.com, telefon: 041 735523, geöffnet: täglich 10.00-18.00, boot: burano*

(4) Burano ist nicht nur für Spitze bekannt, sondern auch für die *bussolà*: runde gelbe Kekse mit einem Loch in der Mitte. Die Pasticceria **Carmelina Palmisano** ist die Top-Adresse für dieses leckere Gebäck. Auch andere Burano-Spezialitäten gibt es hier, z. B. *esse* (Kekse in S-Form).
*burano, via galuppi 355, www.palmisanocarmelina.com, telefon: 041 730010, geöffnet: täglich 7.30-18.30, boot: burano*

(7) **Emilia** ist wohl der bekannteste Spitzenladen von Burano. In diesem schicken Familiengeschäft wird seit vier Generationen Spitze verkauft und man kann klöppelnde Frauen bei der Arbeit beobachten. Im Obergeschoss ist das "Museum" des Ladens, wo alte Familienstücke ausgestellt werden, unter anderem ein Brautkleid aus Spitze. An der Wand hängen Briefe von Johnny Depp und Julia Roberts, die laut Eigentümer zum berühmten Kundenkreis zählen.
*burano, via galuppi 205-207, telefon: 041 735299, geöffnet: täglich 9.00-18.00, boot: burano*

(15) Als Krönung einer gelungenen Reise fehlt nur noch ein schönes Souvenir aus Muranoglas? Dann nichts wie hin zu **Manin 56**. In dem kleinen Shop werden moderne Glasarbeiten verkauft. Urlaubskassenfreundlich: Die Gläser und Schmuckstücke sind durchaus bezahlbar.
*murano, fondamenta daniele manin 56, telefon: 041 5275392, geöffnet: täglich 10.30-18.00, boot: faro, colonna*

(16) Der kleine Laden **Elle Elle** fällt durch seine schlichte, aber schöne Einrichtung sofort positiv auf. Hier wird hauptsächlich Glas von Nason & Moretti angeboten. Neben den kostbaren, toll designten Stücken zieren auch günstigere Glasarbeiten die Auslagen. Alles hier stammt aus Murano selbst.
*murano, fondamenta daniele manin 52, www.elleellemurano.com, telefon: 041 5274866, geöffnet: täglich 10.30-13.00 & 14.00-18.00, boot: faro, colonna*

## 28 VENINI

(P) Mitten auf einer Schiffswerft liegt das einfache Restaurant **Mistrà**. Von den Bewohnern Giudeccas und von den Werftarbeitern wird es gerne und häufig besucht. Pluspunkt: Mittags gibt es ein günstiges Menü. Zwar herrscht hier eine gewisse Kantinenatmosphäre, dafür ist die Stimmung authentisch italienisch.
*giudecca 212a, consorzio cantieristica minore area (jachthafen), telefon: 041 5220743, geöffnet: mo 12.00-14.00, mi-so 12.00-14.00 & 19.00-22.00, preis: 35 €, mittagsmenu 15 €, boot: redentore*

(Q) Auf der kleinen Insel **San Lazzaro degli Armeni**, im Westen des Lido, befindet sich ein armenisches Kloster mit einem wunderbaren Klostergarten. Die Mönche bieten täglich eine Führung durch die Kunstschätze an. Hier kann man nicht nur eine Mumie oder das Schwert des letzten armenischen Königs bestaunen, sondern auch eine prachtvolle Bibliothek. Versäumen Sie es nicht, ein Glas Rosenblättergelee zu kaufen.
*san lazzaro degli armeni, telefon: 041 5260104, geöffnet: täglich, führung 15.25-17.25, eintritt: 6 €, boot: san lazzaro (ab haltestelle san zaccaria)*

(R) Der Weg nach **Bagni Alberoni** ist vielleicht ein bisschen anstrengend, aber die Bootstour und eine zwanzigminütige Busfahrt werden mit dem schönsten Strand der Insel Lido belohnt. Hierhin kommen fast nur Italiener und auf der großen Terrasse schmeckt das Essen ganz vorzüglich. Am Abend finden regelmäßig Jazzkonzerte statt. Der breite Strand mit den gestreiften Badehäuschen diente als Kulisse für Viscontis Film.
*lido, bagni alberoni, www.bagnialberoni.com, telefon: 041 731029, geöffnet: juni-sept., preis: strandliege 8 €/tag, sonnenschirm 9 €/tag, boot: lido, anschließend bus richtung alberoni spiagga*

(S) Der Lido lässt sich prima per Fahrrad erkunden. Sie können sogar das Boot weiter nach Pellestrina nehmen und da auch noch ein bisschen mit dem Rad in der Gegend herumkurven. Fahrrad, Tandem oder Familienfahrrad kann bei **Lido on Bike** gemietet werden.
*lido, gran viale s.m. elisabetta 21b, www.lidoonbike.it, telefon: 041 5268019, geöffnet: märz-okt. täglich 9.00-19.00, preis: ab 9 €/tag, boot: lido, s. nicolò*

# Ausgehen

Venedigs Nachtleben ist mit dem, was echte Metropolen bieten, nicht vergleichbar. Die Lagunenstadt ist relativ klein, große Discos sind kaum zu finden. Wenn die jungen Venezianer eine Nacht durchtanzen wollen, fahren sie meistens aufs Festland. In den letzten Jahren eröffneten allerdings ein paar trendige Clubs und angesagte Bars. Freunde der klassischen Künste haben mehr Glück: In Venedig finden regelmäßig Tanz-, Opern- und Theatervorstellungen statt. Mehr Informationen gibt es unter *www.turismovenezia.it*, *www.venezianews.it* oder in der Zeitschrift *Venews* (auf Englisch). Im Folgenden finden Sie ein paar Tipps für einen aufregenden Abend. In der vorderen Umschlagklappe finden Sie die Buchstabenkennzeichnung wieder.

(T) **Harry's Bar** ist vermutlich die berühmteste Bar von Venedig und gehört zur Stadt wie der Markusplatz oder der Dogenpalast. Die Bar ist zwar nicht mehr das, was sie zu Ernest Hemingways Zeiten war, aber sie wird von den Gutbetuchten noch immer gern besucht. Das Lokal ist klein und wirkt recht einfach, aber die Ober machen vieles wett. Ein Ort für alle, die sich nach den guten alten Zeiten sehnen und entsprechend viel Geld dafür zahlen möchten: Ein *Bellini*, der berühmte Cocktail aus Harry's Bar mit Pfirsich und Prosecco, kostet 17 Euro. Dennoch: Er ist eine Legende, die man probieren sollte.
*san marco 1323, calle vallaresso, www.cipriani.com, telefon: 041 5285777, geöffnet: täglich 10.30-23.00, boot: vallaresso*

(U) **Musica a Palazzo** ist ein venezianisches Erlebnis. Treten Sie ein in einen Palazzo am Canal Grande und erleben Sie Oper einmal ganz anders. Talentierte Opernsänger werden von vorzüglichen Musikern begleitet. Die Veranstaltung zieht vom einen Saal zum nächsten und das Publikum folgt den Musikern. In der Pause wird ein Glas Prosecco gereicht. Ein hochpreisiges Abenteuer, aber spektakulär.
*san marco 2504, fondamenta duodo o barbarigo , www.musicapalazzo.com, telefon: 340 9717272, preis: opernvorstellung 70 €*

HARRY'S BAR ①

## Ⓦ BAR COLLO

Ⓥ Wer gerne in tiefen Sesseln versinkt und bei schummrigem Licht und Loungemusik an einem Cocktail nippt, geht in die Loungebar **Caffè Centrale**. Stilgerecht: Lassen Sie sich von einer Gondel oder einem Wassertaxi direkt zum Eingang an der Wasserseite bringen.
*san marco 1659b, piscina frezzeria, www.caffecentralevenezia.com, telefon: 041 8876642, geöffnet: täglich 18.30-1.00, preis: cocktail 10 €, boot: vallaresso*

Ⓦ Die **Bar Collo** passt zu jeder Tageszeit. Morgens für einen Capuccino, abends für einen Spritz, Cocktail oder ein kühles Bier. Die Einrichtung ist weiß, modern und klar. Hier stimmt die Atmosphäre immer und zu guter Musik wird gerne gefeiert, manchmal auch mit einem DJ. Ab 19 Uhr beginnt dann die Happy Hour.
*san polo 219, campo bella vienna, telefon: 041 5228158, geöffnet: täglich 10.00-2.00, boot: rialto mercato*

Ⓧ Auf dem **Campo Santa Margherita** in Dorsoduro geht es bis spätabends auf den Terrassen locker zu und eine Kneipe reiht sich an die andere. Bars mit langen Öffnungszeiten sind zum Beispiel das Orange und das Imagina. Dieser Platz liegt im Herzen des Studentenviertels, und so treffen Sie hier vor allem junge Leute. Die meisten Bars schließen zwischen ein und zwei Uhr nachts.
*dorsoduro, campo santa margherita, boot: ca' rezzonico*

Ⓨ Im **Impronta Cafè** trifft sich den ganzen Tag über ein buntes Publikum aus Einheimischen und Touristen. Empfehlenswert für einen schnellen Kaffee, ein kleines Mittagessen, ein Abendessen oder den abendlichen Ausklang.
*dorsoduro 3815/3817, calle dei preti crosera, telefon: 041 2750386, geöffnet: mo-sa 7.00-2.00, boot: san tomà*

Ⓩ Mit etwas Glück bessern Sie im **Casinò di Venezia** Ihre Reisekasse auf. Der Tempel der Glücksuchenden ist in einem Palazzo am Canal Grande untergebracht und schon allein deshalb einen Besuch wert. Dresscode für den Herren: Jackett und Krawatte. Sollten Sie beides zu Hause gelassen haben, können Sie sich an der Garderobe ein (etwas armseliges) Jackett ausleihen. Übrigens: In diesem prächtigen Palazzo hat Richard Wagner gewohnt.
*cannaregio 2040, ca' vendramin calergi, www.casinovenezia.it, telefon: 041 5297111, geöffnet: täglich 11.00-2.45 (sa bis 3.15), eintritt: 10 € (inklusive jeton im wert von 10 €), boot: san marcuola*

# Alphabetischer Index

# Thematischer Index

**hotels**



**sehenswürdigkeiten**

**shoppen**

# Impressum

Dieser 100% Cityguide wurde mit größter Sorgfalt zusammengestellt. mo media GmbH ist nicht verantwortlich für eventuelle inhaltliche Fehler. Anmerkungen und/oder Kommentare können Sie gern an **mo media GmbH, Steinstraße 15, 10119 Berlin** oder **info@momedia.com** richten.

**autoren**
karin groneveld (aktualisierungen), tal maes

**fotografie**
ilse ouwens, hans zeegers

**übersetzung**
heike baryga (aktualisierung), ulrike sawicki (für bookwerk)

**lektorat**
carlos westerkamp (aktualisierung), ulrike grafberger

**schlussredaktion**
annette steger, nina lenze, mo media

**konzeptgestaltung**
studio 100%

**gestaltung & lithografie**
mastercolors mediafactory

**kartografie**
van oort redactie en kartografie

**100% venedig**
isbn 978-3-943502-82-4


aktualisierte neuausgabe
september 2014

# 100% CITYGUIDES

Meine 100% Geheimtipps
(Notizen und Ideen)

Folge uns auf [Facebook] [Twitter] [Pinterest] und teile Deine eigenen 100% Tipps!

Mehr zu 100% unter: **www.100travel.de**